# 玩转物理
## ——高中物理实验探究

陈卫国◎著

WANZHUAN
WULI GAOZHONG WULI
SHIYAN TANJIU

东北师范大学出版社
NORTHEAST NORMAL UNIVERSITY PRESS
·长春·

**图书在版编目（CIP）数据**

玩转物理：高中物理实验探究 / 陈卫国著. − 长春 ：东北师范大学出版社，2023.11
ISBN 978-7-5771-0892-6

Ⅰ.①玩… Ⅱ.①陈… Ⅲ.①中学物理课－实验－教学研究－高中 Ⅳ.①G633.72

中国国家版本馆 CIP 数据核字（2023）第 223198 号

□责任编辑：逯　伟　□封面设计：品诚文化
□责任校对：冀爱莉　□责任印制：许　冰

东北师范大学出版社出版发行
长春净月经济开发区金宝街 118 号（邮政编码：130117）
电话：0431—85690289
网址：http：//www.nenup.com
东北师范大学出版社激光照排中心制版
四川科德彩色数码科技有限公司印装
成都市郫都区成都现代工业港北片区港北二路 551 号（邮政编码：611743）
2023 年 11 月第 1 版　2023 年 11 月第 1 版第 1 次印刷
幅面尺寸：185mm×260mm　印张：14.5　字数：364 千

定价：68.00 元

# 实验，通往物理未知世界的大门

## ——《玩转物理——高中物理实验探究》
## 序

2023 年 5 月 17 日，教育部等十八部门联合印发《关于加强新时代中小学科学教育工作的意见》（以下简称《意见》），深入贯彻习近平总书记在二十届中共中央政治局第三次集体学习时的重要讲话精神，系统部署在教育"双减"中做好科学教育加法，支撑服务一体化推进教育、科技、人才高质量发展。《意见》在工作原则中明确指出：

重在实践，激发兴趣。以学生为本，因材施教，推进基于探究实践的科学教育，激发中小学生好奇心、想象力和探求欲，培养学生科学兴趣，引导学生广泛参与探究实践，做到学思结合、寓教于乐，自觉获取科学知识、培养科学精神、提升科学素质、增强科技自信自立、厚植家国情怀，努力在孩子心中种下科学的种子，引导孩子编织当科学家的梦想。

基础教育中的科学教育，被诟病最多的就是"讲实验"而不是"做实验"，科学教育被应试"挟持"，失去了原本应该有的样子。在这个背景下，北京师范大学贵阳附属学校高中部陈卫国老师的《玩转物理——高中物理实验探究》一书，恰逢其时，它用三大类 56 个物理实验，引领读者进入高中物理实验中，亲身感受物理的奥妙，开启物理实验的探索之旅。

在这个信息爆炸的时代，科技日新月异，而物理作为自然科学的基石，其实验更是揭示世界奥秘的重要途径。对于物理的理解不能停留在课堂上的抽象公式和理论之中，理论是实验的灵感，实验是理论的试金石，只有在动手操作中探索发现和深入体验物理现象，感知实验的魅力，才能够深刻理解物理学的基本原理，逐步建构起自己对于自然规律的认知体系。

物理实验既是一种思维方式，也是一种培养科学精神的途径。在实验中，知识的获取不是被动接受的，而是在主动参与的探索中主动建构的。这种参与感不仅能够激发学生学习的热情，激发好奇心和求知欲，更能够培养学生的实际动手能力和创新思维，引导他们在实验中形成独立思考能力。

本书堪称一本关于高中物理实验的手册，更是一本开启高中物理科学探索的指南，每一个实验都是一扇通往物理未知世界的大门，每一个实验都会蕴含着探索的激情和发现的惊喜，使得学习变得更加有趣与生动。

　　本书注重实用性，每一个实验都在实验目的、知识准备、实验器材、实验探究、理论解释、学以致用等六个方面做出生动而简洁的论述，注重实验的可操作性，力求在实验中提升学生的实验技能，也努力使学生们认识到，实验不是高不可攀的领域，而是每个人都可以参与的科学活动。同时，作者也注意联系学生物理学习的现实，融合了包括历届高考物理试题在内的适当练习，使得无论是学生、物理教师还是对物理感兴趣的一般读者，都能够在《玩转物理——高中物理实验探究》中找到适合自己的实验项目，展开一场与物理世界的亲密互动。

　　最后，愿每一位读者在《玩转物理——高中物理实验探究》中找到属于自己的物理奇迹，愿这场实验之旅成为您探索科学世界的启程之地。祝愿本书能够激发学生对物理学科的热爱，引领他们进入这个充满未知和惊喜的物理学殿堂。

　　是为序。

北京师范大学贵阳附属学校校长

2023 年 11 月

# 引 言

物理学是以实验为基础的科学，要学好物理就要做好实验。纵观 300 多年的物理学发展史，实验是物理理论的基础和源泉，也是物理学发展的动力。

## 1. 物理实验的含义

物理实验是根据一定的研究目的，运用科学仪器、设备，人为控制、创造或纯化某些物理过程，使之按预期进程发展，同时在尽可能减少干扰的情况下进行定性或定量的观察和研究，以探究物理现象、物理变化过程规律的一种科学活动，也是检验物理学理论是否正确的标准。它不仅是物理学研究的基础，也是物理教学的重要手段，是中学物理教学的重要内容。

## 2. 物理实验教学的意义

（1）实验教学为学习物理概念与规律提供符合认识规律的认知环境

感性认识是理性认识的基础，若要让学生形成感性认识，则必须让学生看到、摸到、听到、接触到各种现象。在物理教学中，若要让学生形成概念、认识规律，教师则必须创造一种以学生为主体的学习环境，让学生在物理环境中通过各种活动去认识物理世界。而观察、实验是创设物理环境的最主要方法，是获取物理知识的源泉。

（2）物理实验能激发学生学习物理的兴趣与求知欲望

激发兴趣是中学物理教学目的之一，实验教学是激发兴趣的有效方法。实验真实、形象、生动，对学生有很强的吸引力。另外，由于实验是一种有目的的操作行为，学生在观察的基础上，会自然地产生操作欲望。如果教师善于观察学生的表现并因势利导，就容易使学生的好奇心逐渐转化为探究科学知识的持久兴趣和热情。

（3）实验教学是提升学生能力、技能的重要途径

实验是手、脑并用的实践活动。实验中，通过阅读实验资料、操作实验仪器、观察实验现象、排除实验故障、记录实验数据、分析实验结果等活动，使学生阅读能力、思维能力、操作技能、手脑并用能力以及语言和文字表达能力都能得到锻炼；并且，由于实践与思考、动手与动脑相辅相成，学生的实际技能以及创造能力都能得到提升。所以，做实验的过程不仅是一种综合

能力的培养过程，而且是创造能力得以产生的基础。

（4）实验教学有利于使学生掌握科学研究方法

实验过程中，学生需要运用归纳、演绎、判断、推理、数学、逻辑等各种方法分析问题和解决问题，因此能够掌握这些方法。

（5）实验教学有利于培养学生良好的科学作风和道德素养

实验本身是一个严谨的教学过程，要获得实验的成功，就必须一丝不苟，这对培养学生实事求是的态度和严谨的科学作风十分有益。

### 3. 怎样做好物理实验

（1）动手，动脑

做物理实验不是一种简单的技艺，实验之前要明确实验目的、实验原理，并写好实验步骤。

（2）实事求是，尊重事实

实验中观察到的现象、测量的数据、得出的结论，可能跟预期的不一样、跟其他同学的不一样、跟已有的知识不一样。这时，要实事求是，尊重事实。

物理规律看起来简洁又精确，然而实验结果往往不尽如人意，得到的数据不一定像定律描述的那样完美，但不能任意修改数据以适应结论。也许，这样的差异孕育着新的发现，或至少能检验错误，要教导学生忠实记录一切原始数据。

（3）谨慎操作，细心分析

操作中要注意安全，不仅要保证人身安全，还要保证器材安全。操作前要养成安全检查的习惯；操作时要谨慎，任何粗心都可能会使精心准备的实验失败；操作后要仔细分析数据，从中得出结论。

# 目 录 III

**第一编 玩转传统实验** ···································· （1）

实验1 连接体中力的"分配协议" ······················ （1）

实验2 神奇的45°

　　第①项实验：斜上抛最远射程问题 ··············· （4）

　　第②项实验：等底斜面耗时最短问题 ············· （5）

实验3 有趣的轨道问题 ·································· （7）

实验4 自由落体运动 ···································· （10）

实验5 单指可断钢丝

　　——"力的分解" ································ （14）

实验6 力的合成

　　第①项实验：拉不直的绳子 ····················· （16）

　　第②项实验：活结绳问题 ······················· （19）

实验7 最大静摩擦力与滑动摩擦力大小比较、测动摩擦因数 ··· （22）

实验8 "三笔旋转"探究一类动态平衡受力特点 ········· （25）

实验9 运动的合成与分解演示 ·························· （28）

实验10 动手做平抛

　　第①项实验："听出"竖直做自由落体运动

　　　　　　　 "看出"水平做匀速直线运动 ············· （32）

　　第②项实验："量出"水平做匀速直线运动 ············· （34）

实验11 用圆锥摆粗略验证向心力的表达式 ··············· （38）

实验12 竖直平面的圆周运动（杆、绳、环模型） ··············· （43）

实验13 不相等的重力与支持力（拉力）

　　——体验超重与失重 ······················· （51）

实验14 弹性碰撞中的速度交换 ·························· （55）

实验15 耗时为什么会相同

　　——等时圆现象 ······························· （59）

实验 16　滑不下的乒乓球 …………………………………………（62）

实验 17　弹簧振子的振动——简谐运动 ……………………………（64）

实验 18　气体压强的微观模拟 ………………………………………（67）

实验 19　"场"是什么（一）

　　　　第①项实验：感知电场（无源点亮日光灯）………………（68）

　　　　第②项实验：悬浮法模拟磁感线 ……………………………（71）

实验 20　探究雷、电的奥秘 …………………………………………（75）

实验 21　电磁信号去哪了

　　　　——神奇的静电屏蔽（外屏蔽、内屏蔽）………………（77）

实验 22　夜深了，灯更亮了

　　　　——寻找路端电压与负载的关系 ……………………………（82）

实验 23　随"我"而动的阴极射线

　　　　——观察阴极射线在磁场中的偏转 …………………………（84）

实验 24　欧姆定律的适用边界

　　　　——探究电功率与热功率的关系 ……………………………（86）

实验 25　半偏法测量电表的内阻 ……………………………………（89）

实验 26　环随"我"动

　　　　——带电粒子在匀强磁场中的运动 …………………………（92）

实验 27　认识安培力

　　　　第①项实验：通电导线因"谁"动 …………………………（94）

　　　　第②项实验：电磁阻尼和电磁驱动 …………………………（96）

实验 28　认识感应电流

　　　　第①项实验：感应电流因"谁"而生 ………………………（100）

　　　　第②项实验：感应电流方向因"谁"而定 …………………（104）

实验 29　电感、电容对交变电流的影响 ……………………………（107）


第二编　玩转融合实验 …………………………………………………（110）

实验 30　斜面物体重力分解 …………………………………………（110）

实验 31　牛顿第三定律 ………………………………………………（112）

实验 32　胡克定律 ……………………………………………………（115）

实验 33　电容器充、放电 ……………………………………………（117）

实验 34　线圈通电、断电自感 ………………………………………（121）

实验 35　通电导线在磁场中受到的力 ………………………………（124）

实验 36　磁传感器研究通电螺线管中磁场 …………………………（126）

实验 37　气体等温变化 ……………………………………………（128）
实验 38　探究平抛运动 ……………………………………………（132）
实验 39　探究静电感应 ……………………………………………（136）
实验 40　在"仿真物理实验室"进行仿真实验 …………………（138）

**第三编　玩转高考实验** ………………………………………（141）
　**第一节　7 个力学实验** ………………………………………（141）
实验 41　研究匀变速直线运动（测定加速度 $a=?$）…………（141）
实验 42　探究弹力和弹簧形变量的关系 ………………………（146）
实验 43　验证力的平行四边形定则 ……………………………（149）
实验 44　探究加速度与力、质量的关系 ………………………（153）
实验 45　探究功与速度变化的关系 ……………………………（159）
实验 46　验证机械能守恒定律（落体法）……………………（163）
实验 47　验证动量守恒定律（平抛法）……………………（167）
总　　结：高中力学实验的若干共性 …………………………（171）
　**第二节　5 个电学实验** ………………………………………（173）
实验 48　描绘小电珠的伏安特性曲线 …………………………（173）
实验 49　测定金属的电阻率 ……………………………………（176）
实验 50　测定电源的电动势和内阻 ……………………………（180）
实验 51　练习使用多用电表 ……………………………………（185）
实验 52　传感器的简单使用 ……………………………………（190）
总　　结：高中电学实验的若干共性 …………………………（194）
　**第三节　4 个选修实验** ………………………………………（195）
实验 53　用油膜法估测分子的大小 ……………………………（195）
实验 54　用单摆测定重力加速度 ………………………………（199）
实验 55　测定玻璃折射率 ………………………………………（202）
实验 56　用双缝干涉测光的波长 ………………………………（205）

**附录一　物理学中十大最美丽的实验** …………………………（209）
**附录二　高中力学实验基本工具之一：打点计时器** …………（210）
**附录三　测电阻为核心的电学实验（基本方法：伏安法）** …（213）
**附录四　"数字化实验与传统实验"融合的思考**
　　　　——以"测定电池的电动势和内阻实验"为例 …………（216）

**参考文献** ……………………………………………………………（222）

# 实验1 连接体中力的"分配协议"

## 一、实验目的

掌握连接体中力的"分配协议"。

## 二、知识平台

牛顿第二定律 $a = \dfrac{F}{m}$、受力分析整体法、受力分析隔离法。

## 三、器材准备

两个带挂钩的物体 $A$ 和 $B$（质量已知分别为 $m_A$、$m_B$）、光滑玻璃、3个相同的弹簧测力计。

## 四、实验探究

1. 如图1，将物体 $A$ 和 $B$ 放在水平的光滑玻璃上，通过弹簧测力计1逐渐拉动物体 $A$ 和 $B$ 一起运动，观察记录弹簧测力计1与2的读数，分析特点。

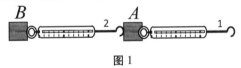

图1

2. 如图2，将物体 $A$ 和 $B$ 放在倾斜的光滑玻璃上，通过弹簧测力计1逐渐拉动物体 $A$ 和 $B$ 一起运动，观察记录弹簧测力计1与2的读数，分析特点。

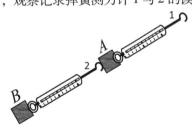

图2

3. 将物体 $A$ 和 $B$ 分别放在粗糙水平桌面上、倾斜桌面上，通过弹簧测力计 1 逐渐拉动物体 $A$ 和 $B$ 一起运动，观察记录弹簧测力计 1 与 2 的读数，分析特点。

实验结论：有 $F_2 = \left(\dfrac{m_B}{m_B+m_A}\right) \cdot F_1$。

拓展：如图 3，用 3 个弹簧测力计 1、2、3 连接物体 $A$ 和 $B$，分别放在粗糙水平桌面上、倾斜桌面上，通过弹簧测力计 1、3 逐渐拉动物体 $A$ 和 $B$ 一起运动，观察记录弹簧测力计 1、2、3 的读数，分析特点。

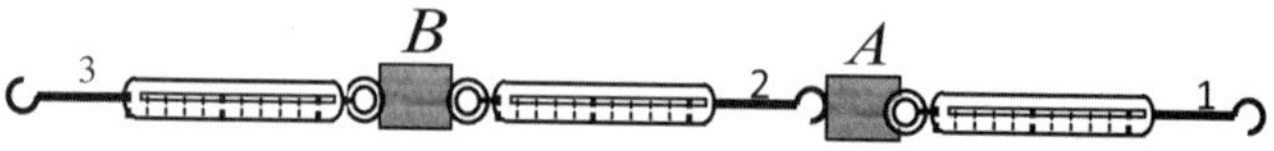

**图 3**

## 五、理论探究

如图 4，将质量分别为 $m_A$、$m_B$ 的 $A$、$B$ 两物块用轻线连接，放在倾角为 $\theta$ 的斜面上，用始终平行于斜面向上的拉力 $F$ 拉 $A$，使它们沿斜面匀加速上升，$A$、$B$ 与斜面间的动摩擦因数均为 $\mu$。试分析轻线上的张力。

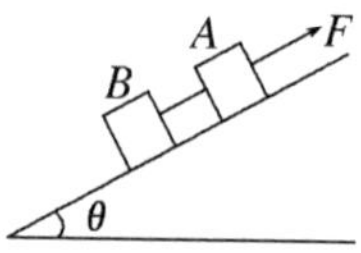

**解析：** 令轻线的张力为 $F_T$，对 $A$、$B$ 整体分析：

$$F-(m_A+m_B)g\sin\theta-\mu(m_A+m_B)g\cos\theta=(m_A+m_B)a \quad (1)$$

得：$a=\dfrac{F}{(m_A+m_B)}-g\sin\theta-\mu g\cos\theta$

**图 4**

分析 $B$，得：$F_T-m_Bg\sin\theta-\mu m_Bg\cos\theta=m_Ba \quad\quad (2)$

由（1）和（2）得：$F_T=\dfrac{m_B}{(m_A+m_B)}\cdot F$，可知 $F_T$ 大小与 $\theta$、$\mu$ 无关，$m_B$ 越大，$m_A$ 越小，$F_T$ 越大。

结论：如图 5，一起做加速运动的物体系统，若外力 $F$ 作用于 $m_1$ 上，则 $m_1$ 和 $m_2$ 的相互作用力 $F_{1对2}=\dfrac{m_2}{(m_1+m_2)}\cdot F$；若作用于 $m_2$ 上，则 $F_{2对1}=\dfrac{m_1}{(m_1+m_2)}\cdot F$，这就是连接体中力的分配协议。

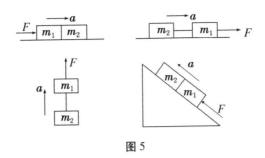

图5

此"协议"与有无摩擦无关（若有摩擦，两物体与接触面的动摩擦因数必须相同），与有无斜面倾角无关，与两物体间有无连接物、何种连接物（轻绳、轻杆、轻弹簧）无关。

## 六、学以致用

1. 如图6，1、2两物体质量分别为 $m_1$ 与 $m_2$，用细绳连接，并置于光滑水平面上，恒定的拉力 $F_1$ 与 $F_2$ 分别作用在1、2两物体上且方向相反，如果 $F_1 > F_2$，试分析1、2两个物体之间的作用力大小。

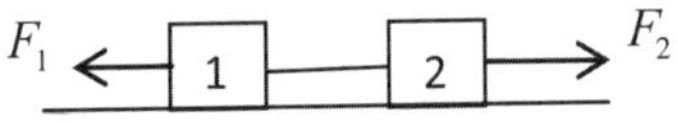

图6

**解析：** 1、2两物体一起向左做匀加速运动，整体分析有

$a = \left( \dfrac{F_1 - F_2}{m_1 + m_2} \right)$，方向向左；

分析"2"物体的运动，令中间细绳对"2"的作用力为 $T$，有

$a = \dfrac{T - F_2}{m_2} = \dfrac{F_1 - F_2}{m_1 + m_2}$，得 $T = \dfrac{m_2 F_1 + m_1 F_2}{m_1 + m_2}$

如果上述1、2两物体在动摩擦因数相同的粗糙地面上沿着 $F_1$ 方向加速运动，或在斜面上沿着 $F_1$ 方向加速向上运动，"1"对"2"的作用力也为 $T$

$= \dfrac{m_2 F_1 + m_1 F_2}{m_1 + m_2}$。

2.（2020·江苏高考）某运送物资的班列由40节质量相等的车厢组成，在车头牵引下，列车沿平直轨道匀加速行驶时，第2节对第3节的牵引力为 $F$。若每节车厢所受摩擦力、空气阻力均相等，则倒数第3节车厢对倒数第2节车厢的牵引力为(   )。

A. $F$        B. $\dfrac{19F}{20}$        C. $\dfrac{F}{19}$        D. $\dfrac{F}{20}$

**解析：** 列车沿平直轨道匀加速行驶，根据力的"分配协议"，令总的牵引

力为 $F_总$，每节车质量为 $m$，有 $F=\dfrac{38m}{40m}\cdot F_总$，得 $F_总=\dfrac{20}{19}F$。

倒数第 3 节（第 38 节）车厢对倒数第 2 节（第 39 节）车厢的牵引力 $F_{38对39}=\dfrac{2m}{40m}\cdot F_总=\dfrac{F}{19}$。

答案：C。

# 实验 2　神奇的45°

## 第①项实验：斜上抛最远射程问题

### 一、实验目的

掌握"45°斜上抛运动时，射程最远"的原理。

### 二、知识平台

抛体运动规律［水平匀速直线运动 $x=(v_0\cos\theta)\cdot t$、竖直上抛运动 $y=(v_0\sin\theta)\cdot t-\dfrac{1}{2}gt^2$］、运动的分解。

### 三、器材准备

金属环轨道、小钢珠。

### 四、实验探究

1. 如图 1，将金属环轨道置于水平地面上，尽可能将长轨道一端调高。

图1

2. 调节短轨道与水平面呈一个小夹角，将小钢珠置于长轨道的高点，松开手，观察、记录小钢珠经过短轨道后的斜上抛的水平位移。

3. 逐渐增大短轨道与水平面的夹角，将小钢珠置于长轨道的原高点，松开手，观察、记录小钢珠斜上抛的水平位移。

实验结论：在短轨道与水平面夹角约45°时，斜上抛水平位移最大。

### 五、理论探究

如图2，将一个可视为质点的物体沿与水平方向呈 $\theta$ 角斜向上抛出，试确定当 $\theta$ 为多少时，物体的射程最远？

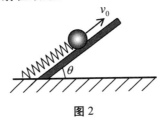

图2

**解析**：如图3，建立直角坐标系，

得：从地面开始斜上抛到落地，耗时 $t = \left(\dfrac{v_0\sin\theta}{g}\right) \cdot 2$

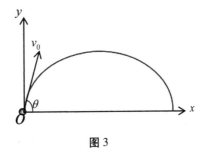

图3

水平位移 $x = (v_0\cos\theta) \cdot t = \dfrac{v_0^2\sin2\theta}{g}$

$\theta = 45°$ 时，最大水平位移 $x_{max} = \dfrac{v_0^2}{g}$

所以，抛出速度一定的斜上抛运动，随着抛出角 $\theta$ 的逐渐增加，射程先增加，后减小。

在 $\theta = 45°$ 时，射程最远；在 $\theta = 90°$ 时，射程为0。

## 第②项实验：等底斜面耗时最短问题

### 一、实验目的

掌握"等底边光滑直角三角形轨道，在45°倾角时，小钢珠从斜面顶端下滑到底，耗时最短"的原理。

### 二、知识平台

匀加速直线运动"位移—时间"的关系。

## 三、器材准备

等底斜面轨道演示器、小钢珠（3颗）。

## 四、实验探究

如图4，将三根光滑平直轨道的一端固定于演示器底端，将另一端分别固定在同一竖直板上，与水平面分别呈30°、45°、60°夹角，将3颗小钢珠置于轨道顶端，同时松开手，比较小钢珠到达轨道底端的快慢（可以通过听小钢珠撞击底端金属挡板的声音判断）。

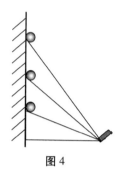

图4

实验结论：轨道与水平面呈45°夹角时，小钢珠到达轨道底端耗时最短。

## 五、理论探究

解析：令轨道与水平面夹角为$\theta$，各个轨道共同底边长为$l$，则小钢珠在任意轨道顶端下滑到底端的过程中耗时为

$$t = \sqrt{\frac{2x}{a}} = \sqrt{\frac{2\left(\dfrac{l}{\cos\theta}\right)}{g\sin\theta}} = \sqrt{\frac{4l}{g\sin 2\theta}}$$

$\theta = 45°$时，最短耗时$t_{\min} = \sqrt{\dfrac{4l}{g}}$。

## 六、学以致用

（2021·全国甲卷）如图5，将光滑长平板下端置于铁架台水平底座上的挡板$P$处，上部架在横杆上，横杆位置可在竖直杆上调节，使平板与底座之间夹角$\theta$可变。将小物块由平板与竖直杆交点$Q$处静止释放，物块沿平板从$Q$点滑至$P$点所用的时间$t$与夹角$\theta$的大小有关，若由30°逐渐增大至60°，物块的下滑时间$t$将（　　）。

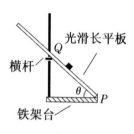

图5

A. 逐渐增大　　B. 逐渐减小　　C. 先增大后减小　　D. 先减小后增大

解析：根据等底斜面$\theta = 45°$时下滑耗时最短，可知$\theta$由30°逐渐增大至60°的过程中，下滑时间$t$先减小后增大。

答案：D。

# 实验 3　有趣的轨道问题

物体沿光滑斜面下滑，是物理学中一种常见的运动，如果将斜面改造，变换成各种不同形状的曲面轨道，将呈现很多有趣的问题。

## 一、实验目的

掌握不同轨道上，物体由顶端下滑到底端的特点。

## 二、知识准备

机械能守恒定律、物体沿光滑斜面下滑的加速度为 $a = g\sin\theta$。

## 三、实验器材

同样光滑的凹形塑料槽（2 根）、底座、小钢球（2 颗）、乒乓球（2 个）。

## 四、实验探究

1. 同长度轨道

如图 1，用两根同样长度的凹形塑料槽分别做成直轨道和弯曲轨道，两轨道高度相同，将两颗完全相同的小钢球分别从两个轨道的顶端由静止释放，哪颗小钢球先滚到底端？

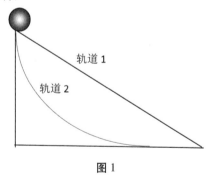

**图 1**

实验结论：小钢球沿轨道 2 先由顶端到底端。

2. 有凹陷轨道

（1）将两根凹形塑料槽做成两个轨道，两者的唯一区别在于轨道 2 的水平段有一个凹陷（凹陷部分的底端仍然是水平的）。将两颗相同的小钢球分别从两个轨道的顶端由静止释放，哪颗小钢球先滚到底端？

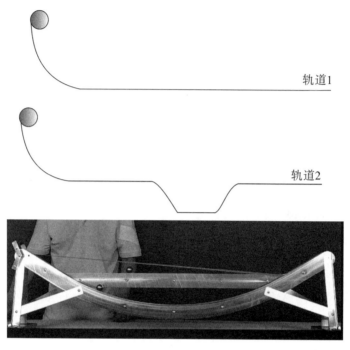

**图2**

（2）将两颗相同的小钢球分别从两个轨道的顶端由静止释放，哪颗小钢球先滚到轨道末端？

（3）改变轨道2中凹陷部分的水平长度，将两颗相同的小钢球分别从两个轨道的顶端由静止释放，哪颗小钢球先滚到轨道末端？这种情形下小钢球经过轨道2花的时间与（2）中小钢球经过轨道2花的时间相比，哪颗小钢球的用时更短？

（4）改变轨道2中凹陷部分的深度，将两颗相同的小钢球分别从两个轨道的顶端由静止释放，哪颗小钢球先滚到轨道末端？这种情形下小钢球经过轨道2花的时间与（2）中小钢球经过轨道2花的时间相比，哪颗小钢球的用时更短？

（5）将两颗相同的小钢球换成两个相同的乒乓球，重复上述步骤，比较球的质量大小对实验结果是否有影响。

## 五、理论探究

小钢球滚到轨道2凹陷处前，两球同步，此时开始计时，画出两个小钢球的"速率—时间（$v$-$t$）"图（如图3所示）：

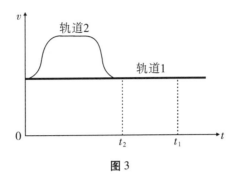

图3

0~$t_2$ 时长中，曲线与横轴所围成的面积表示小钢球沿轨道2到末端走过的路程，0~$t_1$ 时长中水平直线与横轴所围成的面积表示小钢球沿轨道1到末端走过的路程，二者相等。

## 六、学以致用

如图4，物体由高度相同、路径不同的光滑斜面静止滑下，物体通过 AB 的路径1与通过 ACD 的路径2的长度相等，物体通过 C 点前后速度大小不变，则（　　）。

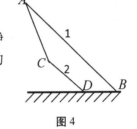

图4

A. 物体沿路径1滑下所用时间较短

B. 物体沿路径2滑下所用时间较短

C. 物体沿两条路径滑下的时间相同

D. 路径2的情况不够明确，无法判定哪条路径滑下用的时间短

解析：物体通过不同路径的"速率—时间"（$v$-$t$）图如图5所示，与横轴所围成面积为所经过的距离，由于物体通过 AB 的路径1与通过 ACD 的路径2的长度相等，分析有 $t_2<t_1$。

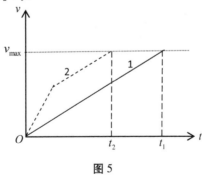

图5

答案：B。

# 实验 4 　自由落体运动

## 一、实验目的

掌握物体自由落体运动的规律。

## 二、实验器材

牛顿管、真空泵（带软管）、铁架台（带铁夹）、电火花打点计时器、纸带、刻度尺、夹子、重物。

## 三、知识准备

匀变速直线运动的规律 $v=v_0+at$、$x=v_0t+\dfrac{1}{2}at^2$、$v^2-v_0^2=2ax$。

## 四、实验探究

1. 演示：牛顿管实验（如图 1）

**图 1**

（1）将牛顿管内充满空气后倒立，观察其中物体下落的情况。

（2）用真空泵将牛顿管里的空气抽出，再迅速倒立，观察其中物体下落的情况。

实验结论：影响物体落体运动快慢的因素是空气阻力的作用，没有空气阻力，只在重力作用下，轻重不同的物体下落快慢相同。

物体只在重力作用下从静止开始下落的运动，叫作自由落体运动（free-fall

motion)。这种运动只在没有空气的空间才能发生，但如果空气阻力作用比较小，也可以忽略，物体的下落可以近似看成自由落体运动。

2. 实验：探究自由落体运动遵循的规律

（1）实验原理

怎样根据打出的纸带判断物体运动的性质？（如图2，依据是否满足 $\Delta x = x_2 - x_1 = x_3 - x_2 = x_4 - x_3 = \cdots\cdots$ 判断是否是匀变速直线运动）

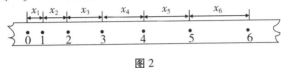

图2

（2）实验注意事项

①从满足"自由落体运动的条件之一——初速度为零"出发，思考实验中应注意哪些问题。

②从满足"自由落体运动的条件之一——只受重力"出发，思考实验中应注意哪些问题。

③实验步骤

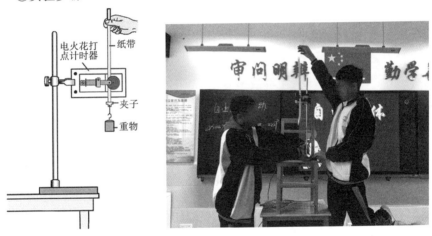

图3

Ⅰ. 沿竖直方向用铁夹将电火花打点计时器固定在铁架台上，使两限位孔在同一竖直平面内，将纸带的一端通过夹子固定在重物上并穿过计时器的限位孔。

Ⅱ. 用手提起纸带上端，使纸带与限位孔在同一竖直线上，让重物静止在靠近计时器的地方。

Ⅲ. 先接通电源，再松开纸带，让重物自由下落。

Ⅳ. 更换纸带，重复上述实验，再打两条纸带。

④数据处理

Ⅰ. 判定运动性质

表1

| 计数点 | 0 | 1 | 2 | 3 | 4 | 5 | 6 |
|---|---|---|---|---|---|---|---|
| 距0点位移 | 0 | | | | | | |
| 计数点之间位移 | 0、1点间 | 1、2点间 | 2、3点间 | 3、4点间 | 4、5点间 | 5、6点间 | |
| | $x_1=$ | $x_2=$ | $x_3=$ | $x_4=$ | $x_5=$ | $x_6=$ | |
| 位移之差 | $x_2-x_1$ | $x_3-x_2$ | $x_4-x_3$ | $x_5-x_4$ | $x_6-x_5$ | | |
| | | | | | | | |
| 结论 | | | | | | | |

Ⅱ. 计算平均加速度（逐差法）

$x_4-x_1=($　　$)$ m，$a_1=($　　$)$ m/s$^2$；

$x_5-x_2=($　　$)$ m，$a_2=($　　$)$ m/s$^2$；

$x_6-x_3=($　　$)$ m，$a_3=($　　$)$ m/s$^2$；

$a=\dfrac{(a_1+a_2+a_3)}{3}=($　　$)$ m/s$^2$。

## 五、实验结论

1. 自由落体运动的性质是＿＿＿＿＿＿＿＿＿＿＿＿＿＿＿＿＿

2. 自由落体运动的加速度为＿＿＿＿＿＿＿＿＿＿＿＿＿＿＿

## 六、理论探究

物体只在重力作用下从静止开始下落的运动，叫作自由落体运动。根据牛顿第二定律，物体在竖直方向做初速度为0、加速度为 $a=g$ 的匀加速直线运动，有 $v=at=gt$，$h=\dfrac{1}{2}at^2=\dfrac{1}{2}gt^2$。

## 七、学以致用

1. 测测你的反应快慢

一位同学捏住直尺顶端，另一位同学在直尺0刻度处做捏住直尺的准备，但不能碰直尺，当看到直尺被放开时，立即捏住直尺，测出直尺降落的高度，根据自由落体运动的知识，计算做出反应的时间。

图4

**答案**：*在上述过程中，直尺下落高度h，接直尺同学的反应时间为* $t = \sqrt{\dfrac{2h}{g}}$ 。

2.（2018·全国3卷）甲、乙两人通过下面实验测量反应时间，实验步骤如下：

（1）甲捏住量程为 $L$ 的直尺上端，让直尺自然下垂，乙把手放在直尺的下端（位置恰好处于 $L$ 刻度处，但未碰到直尺），准备用手指夹住下落的直尺。

（2）甲在不通知乙的情况下，突然松手，尺子下落；乙看到尺子下落后快速用手指夹住尺子，若夹住尺子的位置刻度为 $L_1$、重力加速度大小为 $g$，计算乙的反应时间为＿＿＿＿＿＿＿＿＿＿＿＿＿＿（用 $L$、$L_1$ 和 $g$ 表示）。

（3）已知当地的重力加速度大小为 $g = 9.80 \ \text{m/s}^2$，$L = 30.0 \ \text{cm}$，$L_1 = 10.4$ cm，乙的反应时间为＿＿＿＿s（结果保留2位有效数字）。

（4）写出一条能提高测量结果准确程度的建议＿＿＿＿＿＿＿＿＿＿＿＿。

**答案**：（2） $\sqrt{\dfrac{2(L - L_1)}{g}}$ ；（3）0.20；

（4）多次测量取平均值、初始时乙的手指尽可能接近尺子。

3.（2019·全国3卷）甲、乙两位同学设计了利用数码相机的连拍功能测重力加速度的实验，实验中，甲同学负责释放金属小球，乙同学负责在小球自由下落的时候拍照，已知相机每间隔0.1 s拍1幅照片。

（1）若要从拍得的照片中获取必要的信息，在此实验中必须使用的器材是（　　）。

A. 米尺　　　　B. 秒表　　　　C. 光电门　　　　D. 天平

（2）简述你选择的器材在本实验中的使用方法。

答：＿＿＿＿＿＿＿＿＿＿＿＿＿＿＿＿＿＿＿＿＿＿＿＿＿＿。

（3）实验中两同学由连续3幅照片上小球的位置 $a$、$b$、$c$ 得到 $ab = 24.5$ cm、

$ac = 58.7$ cm，则该地的重力加速度大小为 $g =$ ＿＿＿＿＿＿ m/s$^2$。（结果保留2位有效数字）

答案：（1）A；（2）将米尺竖直放置，使小球下落时尽量靠近米尺；（3）9.7。

# 实验 5　单指可断钢丝
## ——"力的分解"

## 一、实验目的

掌握"力的分解"的方法。

## 二、知识平台

力的分解。

## 三、器材准备

由铰链连接的两块相同规格的木板、由长度合适的细钢丝连接的金属小车（2个）、小毛巾（1条）。

## 四、实验探究

1. 将长度合适的由细钢丝连接的金属小车放置在水平桌面上。

2. 将由铰链连接的两块相同规格的木板两端支撑在小车上，两块木板所呈角度为120°~150°。

3. 将小毛巾覆盖在连接两块木板的铰链上。

4. 单指迅速下压毛巾，观察出现的情况。

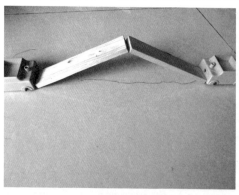

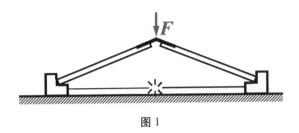

图 1

实验结论：细钢丝被轻易拉断。

## 五、理论探究

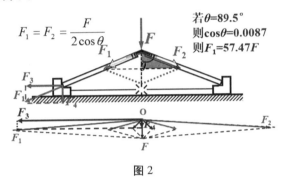

$$F_1 = F_2 = \frac{F}{2\cos\theta}$$

若 $\theta = 89.5°$
则 $\cos\theta = 0.0087$
则 $F_1 = 57.47F$

图 2

如图 2，同样的压力 $F$，在 $\theta \to 90°$ 时，其分力 $F_1 \to \infty$，$F_2 \to \infty$，故能轻易拉断钢丝。

## 六、学以致用

1. 明代宋应星在《天工开物》一书中描述了测量弓力的方法："以足踏弦就地，秤钩搭挂弓腰，弦满之时，推移秤锤所压，则知多少。"意思是：可以用脚踩弓弦两端，将秤钩钩住弓的中点往上拉，弦满之时，推移秤锤称平，就可知道弓力大小。如图 3 所示，假设弓满时，弓弦弯曲的夹角为 $\theta$，秤钩与弦之间的摩擦不计，弓弦的拉力即弓力，满弓时秤钩的拉力大小为 $F$，则下列说法正确的是（　　）。

图 3

A. $F$ 一定，$\theta$ 越小，弓力越大　　B. $\theta$ 一定，弓力越大，$F$ 越小
C. 弓力一定，$\theta$ 越大，$F$ 越大　　D. $\theta$ 一定，$F$ 越大，弓力越大
答案：D。

2. 如图 4 是小型起重机起吊重物的示意图。一根轻绳穿过光滑动滑轮系在位置 A 处，动滑轮下端挂上重物，轻绳另一端挂在起重机吊钩 C 处，起吊重物前，重物静止。先让吊钩从位置 C 竖直向上缓慢移动到位置 B，再让吊钩从位置 B 水平向右缓慢移动到 D，最后把重物卸下。关于轻绳拉力大小变化情况，下列说法正确的是(　　)。

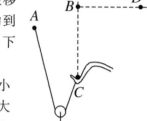

　　A. 吊钩从 C 向 B 移动过程中，轻绳上的拉力变小

　　B. 吊钩从 B 向 D 移动过程中，轻绳上的拉力变大

　　C. 吊钩从 C 向 B 移动过程中，轻绳上的拉力变大

　　D. 吊钩从 B 向 D 移动过程中，轻绳上的拉力不变

**答案：B。**

图 4

3. (2019·全国 3 卷) 如图 5，用卡车运输质量为 $m$ 的匀质圆筒状工件，为使工件保持固定，将其置于两光滑斜面之间，两斜面 Ⅰ、Ⅱ 固定在车上，倾角分别为 30° 和 60°。重力加速度为 $g$，当卡车沿平直公路匀速行驶，圆筒对斜面 Ⅰ、Ⅱ 压力的大小分别为 $F_1$、$F_2$，则(　　)。

A. $F_1 = \frac{\sqrt{3}}{3}mg$，$F_2 = \frac{\sqrt{3}}{2}mg$

图 5

B. $F_1 = \frac{\sqrt{2}}{3}mg$，$F_2 = \frac{\sqrt{3}}{3}mg$

C. $F_1 = \frac{1}{2}mg$，$F_2 = \frac{\sqrt{3}}{2}mg$

D. $F_1 = \frac{\sqrt{3}}{2}mg$，$F_2 = \frac{1}{2}mg$

**答案：D。**

# 实验 6　力的合成

## 第①项实验：拉不直的绳子

### 一、实验目的

掌握"力的合成"原理。

### 二、知识平台

物体受力平衡时，合外力为 0。

### 三、器材准备

完整的桶装纯净水（净含量18 L）、结实的跳绳（约3 m长）。

### 四、实验探究

1. 将绳子中部系住纯净水桶的颈部，一个人用一只手拉住绳子两头竖直提起水桶，每根绳子拉力大小为水桶重力大小的一半。

2. 请6位女同学上台，每边3人，拉住绳子两端向两边拉，要求将绳子尽可能水平拉直，观察两边绳子形成的张角，请参与同学谈感受。

3. 请6位男同学上台，每边3人，拉住绳子两端向两边拉，要求将绳子尽可能水平拉直，观察两边绳子形成的张角，请参与同学谈感受。

图1

4. 通过上述实验，你发现了什么？

实验结论：随着绳子拉力不断增加，两边绳子所呈张角不断增大，但不论拉力增大到多少，该张角可以逐渐趋近180°，却永远不会水平。

### 五、理论探究

1. 实验分析

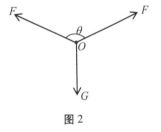

如图2，物体竖直方向处于平衡状态，受重力 $G$ 恒定，两个斜向上拉力为 $F$，在 $\theta$ 趋向180°时，两个斜向上拉力 $F \to \infty$，故绳子永远无法拉直。

图2

2. 几种特殊情况的共点力的合成

表1

| 类型 | 作图 | 合力的计算 |
|---|---|---|
| 两力互相垂直 | | $F=\sqrt{F_1^2+F_2^2}$ 且 $\tan\theta=\dfrac{F_1}{F_2}$ |

续表

| 类型 | 作图 | 合力的计算 |
|------|------|-----------|
| 两力等大，夹角为 $\theta$ |  | $F=2F_1\cos\dfrac{\theta}{2}$ <br><br> $F$ 与 $F_1$、$F_2$ 的夹角为 $\dfrac{\theta}{2}$ |
| 两力等大且夹角为 120° | | 合力与分力等大 |

## 六、学以致用

1. "四两拨千斤"

汽车陷入野外树林里的泥坑中，司机手中只有一根长绳，请想办法帮司机把车拉出来。

**答案**：水平拉直的长绳一端系牢在大树干上，另一端系牢在车前端，用手拉长绳中间。

2. 如图3，用绳子将吊床拴在两棵树上的等高位置，某人先坐在吊床的中间，后躺在吊床上并尽量伸直躯体，两种情况下人都处于静止状态，设吊床两端系绳的拉力为 $F_1$、吊床对该人的作用力为 $F_2$，则下面判断正确的是（     ）。

图3

A. 坐着比躺着时 $F_1$ 大，坐着比躺着时 $F_2$ 大

B. 坐着比躺着时 $F_1$ 大，坐着与躺着时 $F_2$ 相等

C. 躺着比坐着时 $F_1$ 大，躺着比坐着时 $F_2$ 大

D. 躺着比坐着时 $F_1$ 大，坐着与躺着时 $F_2$ 相等

**答案**：B。

3. (2019·天津高考) 2018 年 10 月 23 日, 港珠澳大桥正式开通, 为保持以往船行习惯, 在航道处建造了单面索 (所有钢索均处在同一竖直面内) 斜拉桥, 其索塔与钢索如图 4 所示, 下列说法正确的是 (     )。

图 4

A. 增加钢索的数量可减小索塔受到的向下的压力

B. 为了减小钢索承受的拉力, 可以适当降低索塔的高度

C. 索塔两侧钢索对称且拉力大小相同时, 钢索对索塔的合力竖直向下

D. 为了使索塔受到钢索的合力竖直向下, 索塔两侧的钢索必须对称分布

**答案: C。**

# 第②项实验: 活结绳问题

## 一、实验目的

掌握活结绳的受力特点。

## 二、知识平台

共点力的平衡。

## 三、器材准备

动滑轮、细绳、钩码 (200 g)。

## 四、实验探究

1. 细绳绕过动滑轮, 动滑轮下端挂钩码, 滑轮两端绳子竖直。

2. 两位同学在讲台上, 左边一位同学拉住绳子的一端固定在黑板某个位置, 右边一位同学拉住绳子另一端, 使两段绳子的张角在45°～135°之间。

3. 右边的同学拉动绳子端上下移动, 观察动滑轮的运动与两段绳子张角的变化情况。

**图1**

4. 右边的同学拉动绳子端左右移动，观察动滑轮的运动与两段绳子张角的变化情况。

5. 实验结论：

（1）一端绳子固定，另一端绳子上下移动，两段绳子张角确定，两段绳子拉力大小相等，与过滑轮圆心的竖直方向对称。

（2）一端绳子固定，另一端绳子左右移动，两段绳子张角改变，但两段绳子与过滑轮圆心的竖直方向对称，拉力大小相等，随张角增大，绳子拉力增大。

## 五、理论探究

"活结"可理解为把绳子分成两段，且可以沿绳子移动的结点，一般表现为绳子跨过滑轮或者绳子上有光滑挂钩，虽然因"活结"而弯曲，但两段绳子上弹力的大小一定相等，两段绳子合力的方向一定是夹角的平分线。

"死结"可以理解为把绳子分成两段，且不可以沿绳子移动的结点。"死结"两侧的绳因而变成两根独立的绳，被"死结"分开的两段绳子上弹力不一定相等。

**表1**

| | "活结"模型 | "死结"模型 |
|---|---|---|
| 图例 | 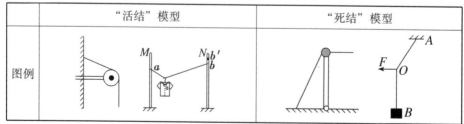 | |

续表

|  | "活结"模型 | "死结"模型 |
|---|---|---|
| 解读 | "活结"把绳子分为两段，且可沿绳移动，"活结"一般由绳跨过滑轮或绳上挂一光滑挂钩而形成，绳子因"活结"而弯曲，但实际为同一根绳，关键语句"光滑挂钩""光滑滑轮" | "死结"把绳子分为两段，且不可沿绳子移动，"死结"两侧的绳因结而变成两根独立的绳，关键语句"节点""系住" |
| 特点 | "活结"两侧绳子上的张力大小处处相等 | 死结两侧的绳子张力不一定相等 |

## 六、学以致用

1. 如图2，在竖直放置的穹形光滑支架上，一根不可伸长的轻绳通过光滑的轻质滑轮悬挂一重物 $G$。现将轻绳的一端固定于支架上的 $A$ 点，另一端从 $B$ 点沿支架缓慢地向 $C$ 点靠近，分析绳中拉力大小变化的情况。

答案：绳中拉力先变大后不变。

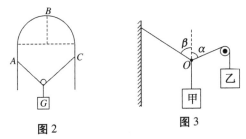

图2　　　　图3

2. （2020·全国卷Ⅲ）如图3，悬挂甲物体的细线拴牢在一不可伸长的轻质细绳上的 $O$ 点处；绳的一端固定在墙上，另一端通过光滑定滑轮与物体乙相连，甲、乙两物体质量相等，系统平衡时，$O$ 点两侧绳与竖直方向的夹角分别为 $\alpha$ 和 $\beta$，若 $\alpha=70°$，则 $\beta$ 等于（　　）。

A. 45°　　　　B. 55°　　　　C. 60°　　　　D. 70°

答案：B。

3. （2016·全国丙卷）如图4，两个轻环 $a$ 和 $b$ 套在位于竖直面内的一段固定圆弧上；一细线穿过两轻环，其两端各系一质量为 $m$ 的小球，在 $a$ 和 $b$ 之间的细线上悬挂一小物块，平衡时，$a$、$b$ 间的距离恰好等于圆弧的半径，不计所有摩擦，小物块的质量为（　　）。

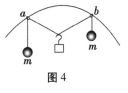

图4

A. $\dfrac{m}{2}$　　　　B. $\dfrac{\sqrt{3}}{2}m$　　　　C. $m$　　　　D. $2m$

答案：C。

## 实验 7　最大静摩擦力与滑动摩擦力大小比较、测动摩擦因数

### 一、实验目的

比较最大静摩擦力与滑动摩擦力大小；理解动摩擦因数。

### 二、实验器材

弹簧测力计、长木板、光滑玻璃、木块、砝码（3个）、软毛刷。

### 三、实验原理

把木块放在水平木板上，用弹簧测力计沿水平方向拉木块，拉力逐渐增大到一定值之前，木块不会运动，此时，木块受到的拉力与静摩擦力平衡。如图1，在弹簧测力计指针下轻塞一小纸团，它可以随指针移动，作为指针到达最大位置的标记，根据二力平衡原理，可以判断该过程中静摩擦力的大小与方向，继续用力，当拉力达到某一数值时，

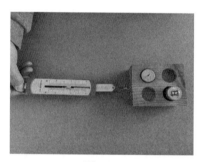

图1

木块开始移动，此时拉力突然变小，物体受的静摩擦力转变为滑动摩擦力。

### 四、实验探究

1. 最大静摩擦力与滑动摩擦力大小比较

（1）静摩擦力的方向判定

如图2，轻轻压住软毛刷，尝试向右拉但未拉动。

图2

结论：根据二力平衡原理，刷子软毛受到的静摩擦力方向总是沿软毛与桌面接触面相切并且跟物体相对运动趋势方向相反。

（2）最大静摩擦力与静摩擦力大小范围的确定，理解静摩擦力定义中"接触""相对静止""相对运动趋势""接触面上""阻碍"这五个关键词。

如图 3，木块放在木板上，用弹簧测力计拉木块并填表 1。

图 3

表 1

|  | 测力计示数 | 拉力方向 | 最大静摩擦力 | 最大静摩擦方向 |
|---|---|---|---|---|
| 正面木块 $S_1$ |  |  |  |  |
| 侧面木块 $S_2$ |  |  |  |  |
| 正面+1 个砝码 |  |  |  |  |
| 正面+2 个砝码 |  |  |  |  |
| 纸巾包裹木块 |  |  |  |  |

结论：最大静摩擦力与两个物体接触面积无关；与两个物体间的正压力大小有关；与两个物体间的粗糙程度有关。

观察：在物体将要运动的瞬间，弹簧弹力如何变化？

2. 探究影响滑动摩擦力大小的因素（测定动摩擦因数）

（1）如图 4，在地面与玻璃上匀速拉同样的木块，记录弹簧测力计的示数并填表 2。

图 4

表 2

|  | 地面 | 玻璃 |
|---|---|---|
| 拉力 $F$ |  |  |
| 木块重力 $G$ |  |  |
| 滑动摩擦力 $f$ |  |  |
| $f/G$ |  |  |

结论：影响滑动摩擦力的一个因素为接触面的粗糙程度。

（2）如图 5，不同数量的砝码放在木块上，木块只与木板接触，弹簧测力计拉动木块匀速运动并填表 3。

表 3

| 实验次数 | 1 | 2 | 3 | 4 |
|---|---|---|---|---|
| 压力 $F_1$ | | | | |
| 拉力 $F$ | | | | |
| 摩擦力 $f$ | | | | |
| $f/F_1$ | | | | |

图 5

结论：滑动摩擦力大小跟_____成正比，即_____，其中 $F_N$ 为两接触面间的垂直作用力（压力）。

方法改进：以上实验，匀速不易实现，现实验如图 6（保持 $A$ 静止，拉动长木板运动）。

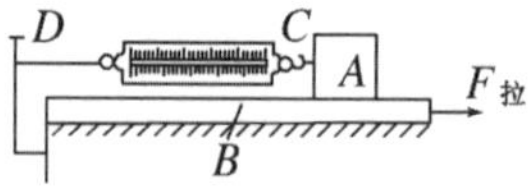

图 6

说明：动摩擦因数 $\mu$ 与接触面的粗糙程度和材料有关，与物体间的压力、相对运动的速度及接触面的大小均无关，无单位，不一定小于 1。

## 五、理论探究：摩擦力的来源

摩擦力是因为分子之间的分子力形成的，分子之间的引力作用导致了摩擦力的产生，如图 7，接触面越粗糙，摩擦因数越大，摩擦力就越大。

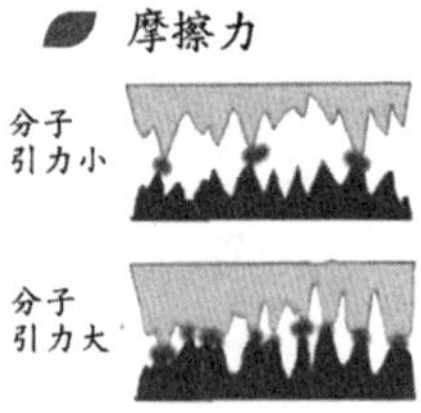

如果两个光滑金属板紧密地压在一起，就变成了一块金属板，它们之间的摩擦力几乎无穷大。

图 7

## 六、学以致用

1. （2021·全国甲卷）为测量小铜块与瓷砖表面间的动摩擦因数，一同学将贴有标尺的瓷砖的一端放在水平桌面上，形成一倾角为 $\alpha$ 的斜面（已知 $\sin\alpha = 0.34$，$\cos\alpha = 0.94$），小铜块可在斜面上加速下滑，如图 8，该同学用手机拍摄小铜块的下滑过程，然后解析视频记录的图象，获

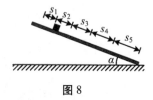

图 8

得 5 个连续的相等时间间隔（每个时间间隔 $\Delta T = 0.20$ s）内，小铜块沿斜面下滑的距离 $S_i$（$i = 1$、2、3、4、5），如表 4 所示。

表 4

| $S_1$ | $S_2$ | $S_3$ | $S_4$ | $S_5$ |
| --- | --- | --- | --- | --- |
| 5.87 cm | 7.58 cm | 9.31 cm | 11.02 cm | 12.74 cm |

由表 4 中数据可得，小铜块沿斜面下滑的加速度大小为_____ m/s$^2$，小铜块与瓷砖表面间的动摩擦因数为_____。（结果均保留 2 位有效数字，重力加速度大小取 9.80 m/s$^2$）

答案：（1）0.43；（2）0.32。

2. 如图 9，黑板擦在手施加的恒力 $F$ 作用下匀速擦拭黑板，已知黑板擦与竖直黑板间的动摩擦因数为 $\mu$，不计黑板擦的重力，分析其受的摩擦力大小。

图 9

A. $\mu F$　　　　B. $\dfrac{F}{\sqrt{1+\mu^2}}$　　　　C. $\dfrac{\mu F}{\sqrt{1+\mu^2}}$　　　　D. $\dfrac{F\sqrt{1+\mu^2}}{\mu}$

答案：C。

# 实验 8　"三笔旋转"探究一类动态平衡受力特点

## 一、实验目的

掌握一类动态平衡问题的物理特点、分析方法。

## 二、知识平台

物体平衡条件，力的合成方法。

### 三、器材准备

三支不同颜色的笔、匀质球、光滑斜面、光滑挡板。

### 四、知识铺垫

矢量三角形：两个分力首尾相连，另两个端头的连线表示合力（如图1，合力和一个分力箭头会聚）。

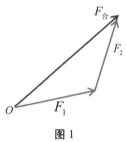

图1

### 五、实验探究

如图2，一个重为 $G$ 的匀质球放在光滑斜面上，斜面倾角为 $\alpha$，在斜面上有一光滑挡板挡住球，使之处于静止状态，现使板与斜面的夹角 $\beta$ 缓慢增大，在此过程中，球对挡板和球对斜面的压力大小如何变化？

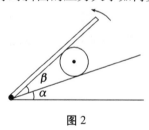

图2

**解析**：1. 如图3，以球为研究对象，球受重力 $G$、斜面支持力 $F_1$、挡板支持力 $F_2$，因为球始终处于平衡状态，故三个力的合力始终为0。斜面支持力 $F_1$、挡板支持力 $F_2$ 的合力 $|F_合|$ 始终与球的重力 $G$ 平衡，方向竖直向上。

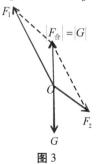

图3

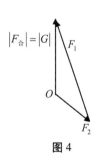

图4

2. 斜面支持力 $F_1$、挡板支持力 $F_2$、二力的合力 $|F_合|$，三个力构成如图 4 的封闭矢量三角形。

3. 第一支笔表示斜面支持力 $F_1$，笔尖表示力的方向；第二支笔表示挡板支持力 $F_2$，笔尖表示力的方向；第三支笔表示合力 $|F_合|$ 恒定，笔尖表示合力的方向，构成如图 6 的矢量三角形。

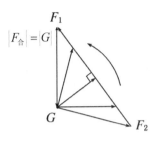

| 图 5 | 图 6 |

4. 如图 5，当挡板逆时针转动时，$F_2$ 的方向也逆时针转动，作出如图 6 所示的动态矢量三角形，由图可见，$F_2$ 先减小后增大，$F_1$ 始终随 $\beta$ 增大而减小，由牛顿第三定律可知，球对挡板压力先减小后增大，球对斜面压力减小。

## 六、理论探究

动态平衡问题（3 力平衡问题）特点：通过控制某一物理量，使物体状态发生"缓慢、慢慢"变化。从宏观上看，物体是运动的，从微观上理解，物体是平衡的，任意时刻物体受的合外力 $\Sigma F = 0$，即任意时刻物体处于平衡状态。高中阶段动态平衡问题有三类，主要对应三种解决方法：

1. 旋转法：适于解决"物体受三共点力平衡，其中一个力确定，另一个力方向确定，第三个力不确定"的问题。

2. 相似法：适于解决"物体受三共点力平衡，其中一个力确定，另外两个力方向同时变化，所作的矢量三角形与对应的几何三角形相似"的问题。

3. 画圆法：适于解决"物体受三共点力平衡，其中一个力确定，另外两个力都变化，但变化的两个力的方向夹角不变"的问题。

## 七、学以致用

1.（2019·全国卷 1）如图 7，一粗糙斜面固定在地面上，斜面顶端装有一光滑定滑轮，一细绳跨过滑轮，其一端悬挂物块 $N$，另一端与斜面上的物块 $M$ 相连，系统处于静止状态，现用水平向左的拉力缓慢拉动 $N$，直至悬挂 $N$ 的细绳与竖直方向呈 45°，已知 $M$ 始终保持静止，则在此过程中（    ）。

A. 水平拉力的大小可能保持不变

B. $M$ 所受细绳的拉力大小一定一直增加

C. $M$ 所受斜面的摩擦力大小一定一直增加

D. $M$ 所受斜面的摩擦力大小可能先减小后增加

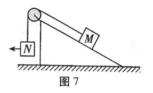

图 7

答案：BD。

2. 半圆形支架 $BAD$ 上悬着两根细绳 $OA$ 和 $OB$，这两根细绳系于圆心 $O$，下悬重为 $G$ 的物体，使 $OA$ 绳固定不动，将 $OB$ 绳的 $B$ 端沿半圆形支架从水平位置逐渐移动至竖直处，如图 8 所示，分析 $OA$ 绳和 $OB$ 绳所受力的大小如何变化。

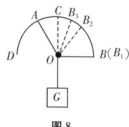

图 8

答案：$OA$ 绳拉力逐渐减小；$OB$ 绳拉力先减小后增大。

# 实验 9　运动的合成与分解演示

## 一、实验目的

掌握运动的合成与分解。

## 二、知识平台

1. 力的合成与分解（平行四边形定则）、参数方程求解的方法。

2. 物体实际的运动叫合运动、物体同时参与合成的运动叫分运动。

3. 由分运动求合运动的过程叫运动的合成、由合运动求分运动的过程叫运动的分解。

## 三、器材准备

一端封闭的长直玻璃管（内盛满清水，其中有一小红蜡块）。

## 四、实验探究

将长直玻璃管迅速倒置，观察其中红蜡块的运动，发现除了开始一小段时间外，其在玻璃管中上升的速度大致均匀。再次将玻璃管迅速倒置，同时紧贴黑板沿水平方向向右匀速移动，以黑板为参照系观察其中红蜡块的运动（水平与竖直方向匀速），观察并回答：

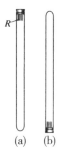

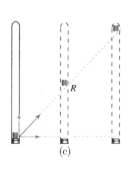

图 1 图 2

1. 蜡块做什么样的运动？

2. 蜡块在黑板上留下的轨迹是直线还是曲线？

3. 整个过程中，蜡块的速度大小和方向是否变化？

4. 如果玻璃管迅速倒置，同时紧贴黑板沿水平方向向右匀加速移动，以黑板为参照系观察其中红蜡块的运动。

## 五、理论探究：蜡块运动的数学描述

1. 建立直角坐标系。

2. 写出蜡块位置随时间变化的方程（参数方程）。

$$x=v_x t, \quad y=v_y t$$

3. 写出蜡块运动的轨迹方程、描画蜡块的运动轨迹。

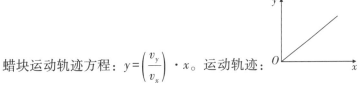

蜡块运动轨迹方程：$y=\left(\dfrac{v_y}{v_x}\right) \cdot x$。运动轨迹：

4. 求蜡块的速度、位移，分析蜡块的运动状态。

蜡块速度大小：$v=\sqrt{v_x^2+v_y^2}$，速度方向满足 $\tan\theta=\dfrac{v_y}{v_x}$，即：速度方向与水平夹角为 $\theta=\arctan\dfrac{v_y}{v_x}$；

蜡块位移大小：$l=\sqrt{(x^2+y^2)}=\sqrt{(v_x^2+v_y^2)} \cdot t$，

位移方向满足 $\tan\varphi=\dfrac{y}{x}=\dfrac{v_y \cdot t}{v_x \cdot t}=\dfrac{v_y}{v_x}$，即：位移方向与水平夹角为 $\varphi=\left(\arctan\dfrac{v_y}{v_x}\right)=\theta$。

探究结论：如果水平与竖直方向匀速运动，物体依然做匀速运动，轨迹是直线。

合运动与分运动的关系:

1. 等时性:分运动与合运动同时开始、同时进行、同时结束。

2. 独立性:某个方向的运动不会因为其他方向上是否有运动而影响自己的运动性质。

3. 等效性:各分运动叠加与合运动有完全相同的效果。

## 六、学以致用

1. 如果蜡块在水平 $x$ 轴方向做匀速运动,而在竖直向上 $y$ 轴方向分速度随时间均匀增加,即 $v_x = v_0$,$v_y = at$(式中 $v_0$、$a$ 都是常量),根据上面的蜡块运动推导方法,写出蜡块位置随时间变化方程、蜡块运动轨迹方程并大致画出蜡块的运动轨迹。

**解析**:蜡块位置随时间变化方程:$\begin{cases} x = v_0 t \\ y = \dfrac{1}{2}at^2 \end{cases}$

蜡块运动轨迹方程($y$ 与 $x$ 关系的方程):$y = \dfrac{1}{2}a\left(\dfrac{x}{v_0}\right)^2 = \left(\dfrac{a}{2v_0^2}\right) \cdot x^2$。

轨迹图:

2. 如果 $v_x = a_1 t$,$v_y = a_2 t$($v_0$,$a$ 都是常量),根据上面的蜡块运动推导方法,写出蜡块位置随时间变化方程、蜡块运动轨迹方程并大致画出蜡块的运动轨迹。

**解析**:蜡块位置随时间变化方程:$\begin{cases} x = \dfrac{1}{2}a_1 t^2 \\ y = \dfrac{1}{2}a_2 t^2 \end{cases}$

蜡块运动轨迹方程($y$ 与 $x$ 关系的方程):$\dfrac{y}{x} = \dfrac{a_2}{a_1}$,得 $y = \left(\dfrac{a_2}{a_1}\right) \cdot x$。

轨迹图: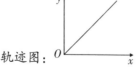

3. 如果 $v_x = v_{01} + a_1 t$,$v_y = v_{02} + a_2 t$($v_{01}$、$v_{02}$、$a_1$、$a_2$ 都是常量),根据上面的蜡块运动推导方法,写出蜡块位置随时间变化方程、蜡块运动轨迹特点。

**解析：**蜡块位置随时间变化方程：$\begin{cases} x = v_{01}t + \dfrac{1}{2}a_1t^2 \\ y = v_{02}t + \dfrac{1}{2}a_2t^2 \end{cases}$

如果满足$\dfrac{v_{01}}{v_{02}} = \dfrac{a_1}{a_2}$，轨迹则为直线；如果$\dfrac{v_{01}}{v_{02}} \neq \dfrac{a_1}{a_2}$，轨迹则为曲线。

4. 结论

（1）两匀速直线运动的合运动是_____；

（2）一个方向做匀速直线运动，在垂直方向做匀加速直线运动的合运动是_____；

（3）两匀变速直线运动的合运动是_____。

5. （2015·全国2卷）由于卫星的发射场不在赤道上，同步卫星发射后需要从转移轨道经过调整再进入地球同步轨道。当卫星在转移轨道上飞经赤道上空时，发动机点火，给卫星一附加速度，使卫星沿同步轨道运行。已知同步卫星的环绕速度约为$3.1 \times 10^3$ m/s，某次发射卫星飞经赤道上空时的速度为$1.55 \times 10^3$ m/s，此时卫星的高度与同步轨道的高度相同，转移轨道和同步轨道的夹角为30°，如图3所示，发动机给卫星的附加速度的方向和大小约为（　　）。

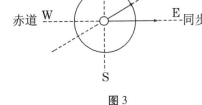

A. 西偏北方向，$1.9 \times 10^3$ m/s

B. 东偏南方向，$1.9 \times 10^3$ m/s

C. 西偏北方向，$2.7 \times 10^3$ m/s

D. 东偏南方向，$2.7 \times 10^3$ m/s

图3

**答案：**B。

6. （2022·全国甲卷）空间存在着匀强磁场和匀强电场，磁场的方向垂直于纸面（$xOy$平面）向里，电场的方向沿$y$轴正方向。一带正电的粒子在电场和磁场的作用下，从坐标原点$O$由静止开始运动，下列四幅图中，可能正确描述该粒子运动轨迹的是（　　）。

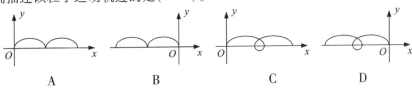

A　　　　　　　B　　　　　　　C　　　　　　　D

**答案：**B。

# 实验10  动手做平抛

## 第①项实验："听出"竖直做自由落体运动
## "看出"水平做匀速直线运动

### 一、实验目的

掌握平抛运动的水平与竖直分运动的特点。

### 二、知识平台

平抛运动规律。

### 三、实验器材

平抛竖落仪、平抛仪。

### 四、实验探究

1. 平抛运动是否竖直做自由落体运动。

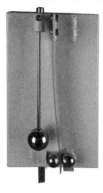 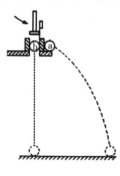 

图1

如图1，安装好平抛竖落仪，用小锤打击弹簧金属片，金属片把 $a$ 球沿水平方向抛出，同时 $b$ 球被松开，自由下落，$a$、$b$ 两球同时开始运动。

（1）观察两球哪颗先落地。

（2）改变小球距地面的高度和打击的力度，重复这个实验，实验时，也可以用耳朵"听"来判断两球落地时间的先后。

实验结论：平抛运动在竖直方向上的分运动是自由落体运动（该实验不能说明平抛运动在水平方向上是匀速直线运动）。

2. 平抛运动是否水平做匀速直线运动。

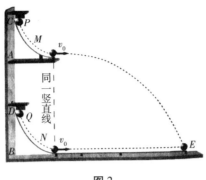

图 2

（1）如图 2，平抛仪水平放置，有两个完全一样的斜槽轨道 $M$、$N$，小球 $P$、$Q$ 通过电磁铁吸引，断开开关，小球 $P$、$Q$ 同时从斜槽轨道顶端释放。

（2）两球从斜槽轨道末端水平冲出，$Q$ 球做匀速直线运动，$P$ 球做平抛运动。

实验结论：小球 $P$、$Q$ 在水平轨道上相碰，故：$P$ 球做平抛运动，其水平方向做匀速直线运动。

## 五、理论探究

平抛运动只受重力作用，初速度 $v_0$ 方向水平，由于在竖直方向初速度为 0，故在竖直方向做 $a=g$ 的自由落体运动；由于在水平方向不受外力，故在水平方向做速度为 $v_0$ 的匀速直线运动。

## 六、学以致用

1. 在只受重力作用的足够高的空中，水平射出的子弹能否击中同高度自由落体的猴子？如图 3，匀速水平飞行的飞机间隔相等时间投下一枚炸弹，在地面上看，每枚炸弹的轨迹如何，在飞行员眼中，所有炸弹排列有什么特点？

图 3

**答案：**能，抛物线，竖直线。

2.（2021·全国乙卷）某同学利用图 4（a）所示装置研究平抛运动的规律。实验时该同学使用频闪仪和照相机对做平抛运动的小球进行拍摄，频闪仪每隔 0.05 s 发出一次闪光，某次拍摄后得到的照片如图 4（b）所示（图中未包括小球刚离开轨道的影像），图中的背景是放在竖直平面内的带有方格的纸板，纸板与小球轨迹所在平面平行，其上每个方格的边长为 5 cm，该同学在实验中测得的小球影像的高度差已经在图 4（b）中标出。

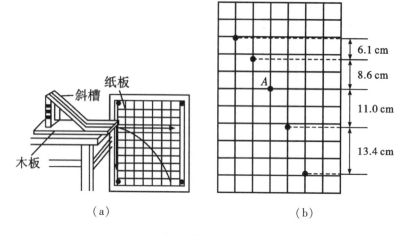

图4

完成下列填空：（结果均保留2位有效数字）

（1）小球运动到图4（b）中位置 $A$ 时，其速度的水平分量大小为_____ m/s，竖直分量大小为_____ m/s。

（2）根据图4（b）中数据可得，当地重力加速度的大小为_____ m/s$^2$。

**答案：**（1）1.0，2.0；（2）9.7。

# 第②项实验："量出"水平做匀速直线运动

## 一、实验目的

掌握平抛运动的特点（水平做匀速直线运动、竖直做初速度为0的匀加速直线运动）。

## 二、实验原理

物体做平抛运动，由 $x = v_0 t$ 与 $y = \frac{1}{2}gt^2$ 可知：由抛点开始，水平位移满足 1：2：3 时，对应竖直位移满足 1：4：9。

## 三、实验器材

C 形夹、平抛仪、小钢球、刻度尺、白纸与复写纸。

## 四、实验探究

探究前提是确定平抛始点在墙壁的水平投影 $O$。

用C形夹把平抛仪固定在水平桌面边缘，调整平抛仪轨道使平直轨道水平（判断方法是小钢球放在轨道的平直槽上任何部位都能静止），然后旋紧水平固定螺丝固定轨道。每次都让小钢球从平抛仪倾斜轨道上同一位置滚下，滚过水平槽后小钢球做平抛运动。把桌子搬到墙壁附近，分别距离墙壁 5 cm、10 cm、15 cm、20 cm，从水平轨道平抛的小钢球能打在墙壁上，把白纸和复写纸附在墙上，记录小钢球落点，探究小钢球竖直方向的运动特点。

图 1

步骤：1. 在桌子边缘安装、固定平抛仪全套器材，调节轨道平直段水平。

2. 移动桌子使静止在平抛仪水平轨道末端的小钢球球心距离墙壁 5 cm，把白纸和复写纸附在墙壁上。

3. 在水平轨道末端放置小钢球，用刻度尺确定小钢球球心在墙壁的水平投影点，记录为 $O$。

4. 使小钢球从平抛仪倾斜轨道上同一位置无初速度释放。

5. 测量小钢球在墙壁上落点 $P_1$ 与 $O$ 之间竖直距离 $h_1$。

6. 移动桌子使平抛仪水平轨道末端小钢球球心距离墙壁逐次为 10 cm、15 cm、20 cm，使小钢球从平抛仪倾斜轨道上同一位置无初速度释放，测量小钢球在墙壁上落点 $P_2$、$P_3$、$P_4$ 与 $O$ 之间竖直距离 $h_2$、$h_3$、$h_4$，记录在表 1 中。

7. 寻找 $h_1$、$h_2$、$h_3$、$h_4$ 之间的关系。

表 1　实验数据记录表

| 平抛球水平距离 | 5 cm | 10 cm | 15 cm | 20 cm |
|---|---|---|---|---|
| 平抛球下落高度 | | | | |
| 结论 | | | | |

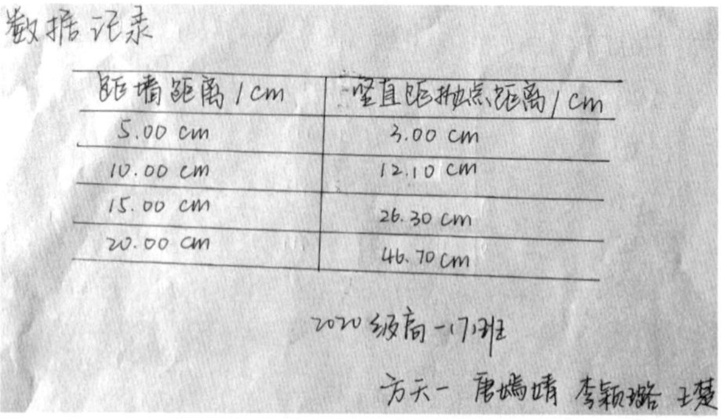
数据记录

| 距墙距离/cm | 竖直距抛点距离/cm |
|---|---|
| 5.00 cm | 3.00 cm |
| 10.00 cm | 12.10 cm |
| 15.00 cm | 26.30 cm |
| 20.00 cm | 46.70 cm |

2020级高一17班

方天一 唐嫣婧 李颖璐 王楚

**图 2　学生实验记录数据**

实验结论：分析表 1 和图 2，可知在小钢球水平位移分别为 $x$、$2x$、$3x$、$4x$ 的过程中，在实验误差允许的范围内，小钢球竖直方向的位移满足 $h_1:h_2:h_3:h_4=1:4:9:16$。也即：平抛运动竖直做初速度为 0 的匀加速直线运动，水平做匀速直线运动。

## 五、理论探究

如果水平做匀速直线运动，由 $t=\frac{x}{v_0}$ 可知，在水平位移分别为 $x$、$2x$、$3x$、$4x$ 时，耗时分别为 $t$、$2t$、$3t$、$4t$；

竖直方向，由 $h=\frac{1}{2}gt^2$ 有对应竖直方向位移满足 $h_1:h_2:h_3:h_4=1:4:9:16$，即：平抛运动竖直做初速度为 0 的匀加速直线运动，水平做匀速直线运动。

## 六、学以致用

1. 做一做：平抛运动是竖直做初速度为 0 的匀加速直线运动，水平做匀速直线运动。

C 形夹把平抛仪固定在水平桌面边缘，调整平抛仪轨道使平直轨道水平（判断方法是钢球放在轨道平直槽上任何部位都能静止），然后旋紧水平固定螺丝固定轨道。每次都让钢球从平抛仪倾斜轨道上同一位置滚下，滚过水平槽后钢球做平抛运动。在钢球抛出后经过的地方水平放置一块木板（还有一个用来调节木板高度的支架），木板上放一张白纸，白纸上放复写纸，这样能记录钢球在白纸上的落点。在桌子边缘钢球起抛的位置挂一条重垂线，记录钢球静止在水平轨道终端时的球心位置，令为原点 $O$，过 $O$ 向下作重垂线的平行线为 $y$ 轴，过 $O$ 作 $y$ 轴垂线为水平 $x$ 轴，已知平抛运动在竖直方向做自由落体运动，探究钢球水平分速度的特点。

实验步骤：

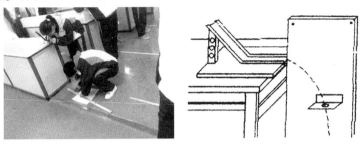

图 3

（1）木板水平，在木板上铺放白纸，白纸上叠放复写纸。

（2）调节木板高度，使木板上表面与平抛仪水平槽上球心竖直距离为 10 cm。

（3）让小球从平抛仪斜轨上同一位置无初速度释放，测量小球在木板上的落点 $P_1$ 与 $y$ 轴之间的水平距离 $X_1$。

（4）调节木板高度，使木板上表面与平抛仪水平槽上的球心竖直距离为 40 cm。

（5）让小球从同一位置静止释放，测量小球在木板上的落点 $P_2$ 与 $y$ 轴之间的距离 $X_2$。

（6）调节木板高度，使木板上表面与平抛仪水平槽上的球心竖直距离为 90 cm。

（7）让小球从同一位置静止释放，测量小球在木板上的落点 $P_3$ 与 $y$ 轴之间的距离 $X_3$，数据记录在表 2 中。

（8）比较 $X_1$、$X_2$、$X_3$ 的数量关系，如果 $X_2 = 2X_1$，$X_3 = 3X_1$，则说明平抛运动水平做匀速直线运动。

表 2　实验数据记录表

| 木板上表面与水平槽球心竖直距离 | 10 cm | 40 cm | 90 cm |
|---|---|---|---|
| 小球落点与 $y$ 轴距离 | | | |
| 结论 | | | |

实验结论：如果 $X_2 = 2X_1$，$X_3 = 3X_1$，由 $t_2 = \sqrt{\dfrac{2 \times 0.4}{g}} = 2t_1 = 2\sqrt{\dfrac{2 \times 0.1}{g}}$，

$t_3 = \sqrt{\dfrac{2 \times 0.9}{g}} = 3t_1 = 3\sqrt{\dfrac{2 \times 0.1}{g}}$；得 $v_x = \dfrac{X_1}{t_1} = \dfrac{X_2}{t_2} = \dfrac{X_3}{t_3}$，则平抛运动水平做匀速直线运动。

2.（2022·全国甲卷）将一小球水平抛出，使用频闪仪和照相机对运动

的小球进行拍摄，频闪仪每隔 0.05 s 发出一次闪光，某次拍摄时，小球在抛出瞬间频闪仪恰好闪光，拍摄的照片编辑后如图 4，图中第一个小球为抛出瞬间影像，每相邻两个球之间被删去了 3 个影像，所标出的两个线段的长度 $s_1$ 和 $s_2$ 之比为 3 : 7，重力加速度大小取 $g = 10\ \text{m/s}^2$，忽略空气阻力，求在抛出瞬间小球速度的大小。

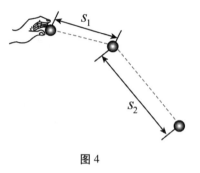

图 4

**解析：** 分析题意有相邻两球时间间隔为 $t = 4T = 0.05 \times 4\ \text{s} = 0.2\ \text{s}$；

在 $0 \rightarrow 0.2\ \text{s}$ 时间内，小球在竖直方向位移 $y_1 = \dfrac{1}{2} g t_1^2 = \dfrac{1}{2} \times 10 \times (0.2)^2\ \text{m} = 0.2\ \text{m}$；

在 $0 \rightarrow 0.4\ \text{s}$ 时间内，小球在竖直方向位移 $y_2 = \dfrac{1}{2} g t_2^2 = \dfrac{1}{2} \times 10 \times (0.4)^2\ \text{m} = 0.8\ \text{m}$；

在 $0.2\ \text{s} \rightarrow 0.4\ \text{s}$ 时间内，小球在竖直方向位移为 $(0.8 - 0.2)\ \text{m} = 0.6\ \text{m}$。

由 $\dfrac{s_1}{s_2} = \dfrac{\sqrt{x^2 + (0.2)^2}}{\sqrt{x^2 + (0.6)^2}} = \dfrac{3}{7}$，

得 $x = \left( \dfrac{2\sqrt{5}}{25} \right)\ \text{m}$。

故：抛出瞬间小球速度大小为 $v_0 = \dfrac{x}{t} = \dfrac{2\sqrt{5}}{5}\ \text{m/s}$。

# 实验 11　用圆锥摆粗略验证向心力的表达式

## 一、实验目的

验证向心力表达式 $F_n = m \dfrac{v^2}{r} = m \omega^2 r$。

## 二、实验器材

细线、小钢球、秒表、刻度尺、游标卡尺、金属圆盘、铁架台。

### 三、实验原理

当小钢球做匀速圆周运动时，合力正好提供物体所需向心力，即需要的向心力 $F = m\omega^2 r$ 和供给 $F' = mg\tan\theta$ 大小相等。实验通过"供""需"双方分别测算小钢球做圆周运动的合力与向心力，比较它们的大小，从而验证向心力的表达式。[注：$L$（摆长），$\theta$（摆角），$h$（悬点到圆心距离）]

图 1

$$向心力\ F_n = m\left(\frac{2\pi}{T}\right)^2 \cdot (L\sin\theta)$$

$$若：mg\tan\theta = m\left(\frac{2\pi}{T}\right)^2 \cdot (L\sin\theta)$$

$$有：g = \left(\frac{2\pi}{T}\right)^2 \cdot L\cos\theta = \left(\frac{2\pi}{T}\right)^2 \cdot L \cdot \left(\frac{h}{L}\right)$$

调整小钢球的运动，估测摆角 $\theta \approx 60°$ 时，将数据代入上式，计算结果如果使等式在误差允许范围内成立，则粗略验证向心力表达式成立。

### 四、实验步骤

1. 实验时，并不需要测量小钢球的质量，因为在小钢球向心力的表达式中，如能在实验误差允许范围内验证 $m\omega^2 r = mg\tan\theta$，即验证 $\omega^2 r = g\tan\theta$，则验证了向心力的表达式。

2. 使小钢球沿纸上的某个圆运动，这是实验成功与否的关键，也是实验操作过程中的难点，为了克服这一难点：

（1）用带有支架的金属圆盘（静电实验中有这样的圆盘）代替同心圆，取长为 $l$ 的细线且刚好由悬点至盘边缘时拉直，让细线上端固定在铁架台上，下端悬挂的小钢球对准圆盘中心且距圆盘中心 $h = \dfrac{L}{2}$。

（2）用手拢住细线上端（悬点处）做圆周运动，这样可使细线带动小钢球做圆周运动，并通过手的控制不断增大小钢球的运动半径，直到半径刚好和金属盘半径相等，随后手轻轻离开细线。

（3）用刻度尺测出系小钢球的线长 $l$，用游标卡尺测出小钢球的直径 $d$，得到小钢球和线做锥摆运动的摆长为 $L = l + \dfrac{d}{2}$，学生用秒表记录小钢球运动若干圈的时间，计算出小钢球的运动周期。

## 五、数据分析和结论

如图2，特殊值带入，使细线与竖直夹角约为60°，如果在误差允许范围内满足

$$g=\left(\frac{2\pi}{T}\right)^2 \cdot L\cos\theta=\left(\frac{2\pi}{T}\right)^2 \cdot L \cdot \left(\frac{h}{L}\right)$$

则间接验证了向心力表达式。

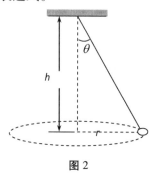

图 2

思考：推导圆锥摆的周期公式 $T=2\pi\sqrt{\dfrac{L\cos\theta}{g}}$。

## 六、误差分析

1. 设法使小钢球沿纸上的某个圆运动，在具体操作中很难做到，且受空气阻力作用，半径会越来越小。

2. 小钢球有一定的体积，圆周运动时，圆周半径 $r$ 难确定，且测量误差较大，同时竖直高度 $h$ 的测量误差也较大。

3. 摆绳偏角 $\theta$ 测不准带来误差。$\theta$ 不能很大，否则 $r$ 和 $h$ 误差更大，没有验证的普遍性。

4. 小钢球运动周期 $T$ 测量不准带来误差。

5. 摆长 $L$ 测量不准带来误差。

6. 实验定性为"粗略"验证，但若 $mg\tan\theta$ 与 $m w^2 r$ 相差较大，此实验就会适得其反。

## 七、实验反思

教材用圆锥摆来验证向心力的表达式，很容易让学生做分组实验，参与课堂，应尽量使用通用器材而不是专用器材来做，如果能用生活中常见的物品来做更好。这样做的好处，一方面可以减少由于器材引起的困难，确保实验的开展；另一方面，用生活中常见的物品做实验更具亲和力，会拉近科学

与学生的距离，使学生感到科学就在身边，对科学产生亲近感。而且，这个实验的优点除了器材易得外，摆球受力的分析方法也是以后常用的，熟练掌握有利于学生后面的学习。

当然，这样的改变，也使得实验的难度有所增加：

1. 由演示实验变为学生实验，增加了教学操作上的难度，要求教师有较高的课堂实验驾驭能力。

2. 学生对实验原理（主要是向心力来源的分析）的理解上难度增加，但唯其动手，理解才更透彻。

3. 学生在实验操作、测量等方面难度增加，但有助于培养学生的实验技能。

## 八、拓展延伸：用向心力演示器探究向心力的表达式

| 装置原理 |
|---|
| 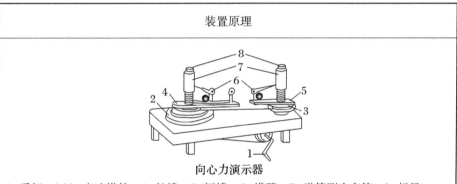<br>向心力演示器<br>1. 手柄；2&3. 变速塔轮；4. 长槽；5. 短槽；6. 横臂；7. 弹簧测力套筒；8. 标尺。<br>利用控制变量法，探究向心力与质量、角速度、半径的定量关系 |

| 操作要领 |
|---|
| （1）把两个质量相同的小物体放在长槽和短槽上，使它们的转动半径相同，调整塔轮上的皮带，使两个小物体的角速度不一样，探究向心力的大小与角速度的关系。<br>（2）保持两个小物体质量不变，增大长槽上小物体的转动半径，调整塔轮上的皮带，使两个小物体的角速度相同，探究向心力的大小与半径的关系。<br>（3）换成质量不同的物体，分别使两物体的转动半径相同，调整塔轮上的皮带，使两个小物体的角速度也相同，探究向心力的大小与质量的关系。<br>（4）重复几次以上实验。 |

| 数据处理 |
| --- |

（1）$m$、$r$一定

| 序号 | 1 | 2 | 3 |
| --- | --- | --- | --- |
| $F_n$ | | | |
| $\omega$ | | | |
| $\omega_2$ | | | |

（2）$m$、$\omega$一定

| 序号 | 1 | 2 | 3 |
| --- | --- | --- | --- |
| $F_n$ | | | |
| $r$ | | | |

（3）$r$、$\omega$一定

| 序号 | 1 | 2 | 3 |
| --- | --- | --- | --- |
| $F_n$ | | | |
| $m$ | | | |

（4）分别作出$F_n$-$\omega^2$、$F_n$-$r$、$F_n$-$m$的图象。

| 注意事项 |
| --- |

（1）使用向心力演示器时应将横臂紧固螺钉旋紧，以防小物体和其他部件飞出而造成事故。

（2）摇动手柄时应力求缓慢加速，注意观察其中一个标尺的格数，达到预定格数时，即保持转速恒定，观察并记录其余读数。

## 九、学以致用

1. 如图3，质量为$m$的小球由轻绳$a$和$b$分别系于一竖直轻质细杆$A$点和$B$点，当轻杆绕轴$OO'$以角速度$\omega$匀速转动时，小球在水平面内做匀速圆周运动，$a$绳与水平方向呈$\theta$角，$b$绳沿水平方向且长为$l$，下列说法正确的是（重力加速度$g$）（　　）。

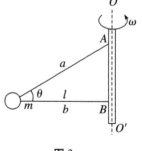

图3

A. $a$绳的张力不可能为零

B. $a$绳的张力随角速度的增大而增大

C. 当角速度$\omega > \sqrt{\dfrac{g}{l\tan\theta}}$时，$b$绳将出现弹力

D. 若$b$绳突然被剪断，则$a$绳的弹力一定发生变化

**答案**：AC。

2. 探究向心力大小 $F_n$ 与质量 $m$、角速度 $\omega$ 和半径 $r$ 之间关系的实验装置如图 4 所示，转动手柄 1，变速塔轮 2 和 3 以及长槽 4 和短槽 5 随之匀速转动，皮带分别套在塔轮 2 和 3 上的不同圆盘上，可使两个槽内的小球 6、7 分别以不同的角速度做匀速圆周运动。小球做圆周运动的向心力由横臂 8 的挡板对小球的压力提供，球对挡板的反作用力，通过横臂 8 的杠杆作用使弹簧测力套筒 9 下降，从而露出标尺 10，标尺 10 露出的红白相间等分格显示两个球所受向心力比值。

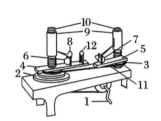 

图 4

（1）现将两小球分别放在两边的槽内，为了探究小球受到的向心力大小和角速度关系，下列说法正确的是（　　）。

A. 在小球运动半径相等的情况下，用质量相同的小球做实验

B. 在小球运动半径相等的情况下，用质量不同的小球做实验

C. 在小球运动半径不等的情况下，用质量不同的小球做实验

D. 在小球运动半径不等的情况下，用质量相同的小球做实验

（2）用两个质量相等的小球做实验，左边小球轨道半径为右边小球 2 倍时，转动发现右边标尺上露出的红白相间等分格数为左边的 2 倍，则左边塔轮与右边塔轮之间角速度之比（　　）。

答案：（1）A；（2）1 : 2。

# 实验 12　竖直平面的圆周运动（杆、绳、环模型）

## 一、实验目的

掌握竖直平面内圆周运动的特点。

## 二、知识平台

物体圆周运动需要向心力由物体所受合外力提供。

## 三、器材准备

细绳、水流星、轻杆、单轨道环、双轨道环、小钢球。

## 四、实验探究

1. 细绳长 $l$，一端系质量 $m$ 小钢球，手持绳另一端在竖直平面内完成圆周运动（绳模型），如图1。

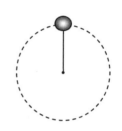

图 1

（1）细绳系住小钢球，在竖直平面内快速做圆周运动，小钢球做匀速还是变速圆周运动？分析小钢球在上、下两个位置的向心力由谁提供。

（2）逐渐降低小钢球做圆周运动的速度，直至小钢球在竖直平面内恰好完成圆周运动，分析在竖直平面内顶端、底端的速度分别为多少？小钢球在顶端、底端时，细绳拉力大小有什么特点？

**解析**：小钢球在顶端时，绳子拉力大小 $F_{T1}$，有：$mg + F_{T1} = m\dfrac{v_1^2}{l}$ ①

小钢球在底端时，绳子拉力大小 $F_{T2}$，有：$F_{T2} - mg = m\dfrac{v_2^2}{l}$ ②

系统机械能守恒，有：$\dfrac{1}{2}mv_1^2 + mg \cdot (2l) = \dfrac{1}{2}mv_2^2$ ③

联立①、②、③式，得：$F_{T2} - F_{T1} = 6mg$。

特例：

如果小钢球恰好能完成圆周运动，小钢球在顶端时，有 $F_{T1} = 0$，重力提供向心力，得 $v_1 = \sqrt{gl}$；

如果小钢球恰好能完成圆周运动，小钢球在底端时，有 $F_{T2} = 6mg$，$F_合 = 5mg$，得 $v_2 = \sqrt{5gl}$；

并且：$F_{T2} - F_{T1} = 6mg$。

（3）通过上述实验，你发现了什么？

（4）将小钢球换成装有水的敞口杯（水流星），如图2，重复上述实验，你发现了什么？

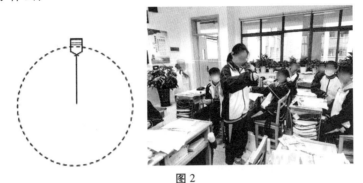

图2

2. 轻杆一端拴小钢球，绕另一端在竖直平面内完成圆周运动（杆模型），如图3。

图3

（1）轻杆拴住小钢球，在竖直平面内快速做圆周运动，小钢球做匀速还是变速圆周运动？分析小钢球在上、下两个位置的向心力由谁提供。

（2）逐渐降低小钢球做圆周运动的速度，直至小钢球在竖直平面内恰好完成圆周运动，分析小钢球在竖直平面内顶端、底端的速度分别为多少？小钢球在顶端、底端时，杆的张力大小有什么特点？

**解析：** 小钢球恰好完成圆周运动，在顶端时，速度 $v_1=0$，轻杆对小钢球支撑力大小 $|F_{T1}|=mg$，方向竖直向上。

小钢球由顶端到底端的过程中，系统机械能守恒，由 $mg\,(2l)=\dfrac{1}{2}mv_2^2$，得 $v_2=\sqrt{4gl}$

小钢球在底端时，由 $F_{T2}-mg=m\dfrac{v_2^2}{l}$，得 $F_{T2}=5mg$，方向竖直向上。

小钢球在顶端、底端时，杆的张力和值大小为：$F_{T2}+F_{T1}=6mg$。

（3）如果小钢球在顶端速度为 $v_x=\sqrt{gl}$ 时，分析小钢球在竖直平面内底端速度为多少？小钢球在顶端、底端时，杆的张力大小有什么特点？

**解析**：小钢球在顶端时，小钢球圆周运动向心力由本身重力提供，

杆 $F_{T1}=0$，有：$mg=m\dfrac{v_x^2}{l}$，得：$v_x=\sqrt{gl}$（等效"杆不存在"）

小钢球由顶端到底端过程中，系统机械能守恒，有：$\dfrac{1}{2}mv_x^2+mg(2l)=\dfrac{1}{2}mv_2^2$

$$得：v_2=\sqrt{5gl}$$

小钢球在底端时，杆的拉力 $F_{T2}$，有：$F_{T2}-mg=m\dfrac{v_2^2}{l}$

$$得：F_{T2}=6mg$$

小钢球在顶端、底端时，杆的张力和值大小为：$F_{T2}+F_{T1}=6mg$

（4）小钢球在顶端且速度大小满足 $\sqrt{gl}>v_x>0$ 时，分析小钢球在顶端、底端的向心力由谁提供？小钢球在顶端、底端时，杆的张力大小有什么特点？

**解析**：小钢球圆周运动向心力由重力、杆支撑力提供，在顶端时，得：

$$mg-F_{T1}=m\dfrac{v_{x_1}^2}{l} \qquad ①$$

小钢球在底端时，向心力由重力、杆拉力提供，分析球的运动得：

$$F_{T2}-mg=m\dfrac{v_{x_2}^2}{l} \qquad ②$$

小钢球由顶端到底端过程中，系统机械能守恒，得：$\dfrac{1}{2}mv_{x_1}^2+mg(2l)=\dfrac{1}{2}mv_{x_2}^2$

$$\qquad ③$$

联立①、②、③式，得小钢球在顶端、底端时，杆张力和值大小为：$F_{T2}+F_{T1}=6mg$。

（5）小钢球在顶端且速度大小满足 $v_x>\sqrt{gl}$ 时，分析小钢球在顶端、底端的向心力由谁提供？小钢球在顶端、底端时，杆的张力大小有什么特点？

**解析**：小钢球在顶端时，向心力由重力、杆拉力提供（等效于绳模型），得

$$mg+F_{T1}=m\dfrac{v_{x_1}^2}{l} \qquad ①$$

小钢球在底端时，向心力由重力、杆拉力提供，分析小钢球的运动得：

$$F_{T2}-mg=m\frac{v_{x_2}^2}{l} \qquad ②$$

小钢球由顶端到底端过程中，系统机械能守恒，得：$\frac{1}{2}mv_{x_1}^2+mg\,(2l)=\frac{1}{2}mv_{x_2}^2$ 　③

联立①、②、③式，得 $F_{T2}-F_{T1}=6mg$。

3. 半径为 $l$ 光滑单环模型中的物体运动情况，如图4。

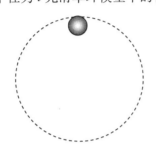

图4

（1）竖直光滑单环，在光滑倾斜轨道上释放小钢球，小钢球在竖直平面内能够完成圆周运动，做匀速还是变速圆周运动？分析小钢球在上、下两个位置的向心力由谁提供。

（2）逐渐降低小钢球在倾斜轨道上释放的高度，直至小钢球在竖直平面单环轨道上恰好完成圆周运动，记录单环的直径和小钢球恰好完成圆周运动时释放点到环底的高度，分析小钢球在顶端、底端的向心力由谁提供？小钢球在顶端、底端时，环的张力大小有什么特点？

**解析**：小钢球完成圆周运动，小钢球在顶端时，环对小钢球向下压力 $F_{T1}$，有：

$$mg+F_{T1}=m\frac{v_1^2}{l} \qquad ①$$

小钢球在底端时，环对小钢球向上支撑力 $F_{T2}$，有：

$$F_{T2}-mg=m\frac{v_2^2}{l} \qquad ②$$

系统机械能守恒，有：$\frac{1}{2}mv_1^2+mg(2l)=\frac{1}{2}mv_2^2$ 　③

联立①、②、③式，得 $F_{T2}-F_{T1}=6mg$。

特例：

如果小钢球恰好能完成圆周运动，小钢球在顶端时，有 $F_{T1}=0$，重力提供向心力，得 $v_1=\sqrt{gl}$；

如果小钢球恰好能完成圆周运动，小钢球在底端时，有 $F_{T2}=6mg$，$F_{合}=5mg$，得 $v_2=\sqrt{5gl}$；

并且：$F_{T2}-F_{T1}=6mg$。

（3）如图5，如果光滑弧形轨道下端与竖直圆轨道相接，使小钢球从弧形轨道上端无初速滚下，小钢球恰可以通过光滑圆轨道最高点，则小钢球从弧形轨道上至少多高释放？

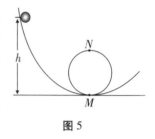

图 5

**解析：**小钢球从初始位置到圆轨道最高点，由机械能守恒得 $mgh=mg(2l)+\dfrac{1}{2}m\left(\sqrt{gl}\right)^2$，得 $h=\dfrac{5}{2}l$。

故：弧形轨道高度至少为 $h=\dfrac{5}{2}l$。

（4）通过上述实验，你发现了什么？如图6，如果要求小钢球不离开环，有几种情况？

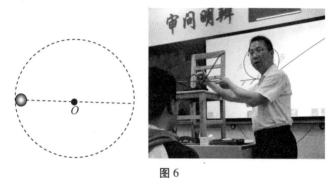

图 6

**解析：**小钢球恰好完成圆周运动时，小钢球将不离开环，在环顶端时，速度最小为 $v_{\min}=\sqrt{gr}$。

小钢球由过圆心的水平直径下半环的任意位置释放，将绕环底中间点摆动，不离开环。

4. 半径为 $l$ 光滑双环模型中的物体运动情况，如图7。

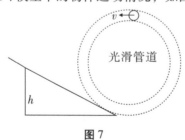

图 7

（1）竖直双环，在倾斜轨道上释放小钢球，小钢球在竖直平面内能够完成圆周运动，做匀速还是变速圆周运动？分析小钢球在上、下两个位置的向心力由谁提供。

（2）逐渐降低小钢球在倾斜轨道上释放的高度，直至小钢球在竖直平面双环轨道上恰好完成圆周运动，分析小钢球在顶端、底端的向心力由谁提供？小钢球在顶端、底端的向心力大小分别为多少？

（3）通过上述实验，你发现了什么？

总结：综上所述，有如下发现：

表1

| | 轻"绳"模型（单环模型本质相同） | 轻"杆"模型（双环模型本质相同） |
|---|---|---|
| 情景图示 | | |
| 弹力特征 | 弹力可能向下，也可能等于零 | 弹力可能向下，可能向上，也可能等于零 |
| 受力示意图 | | |
| 力学方程 | $mg + F_T = m\dfrac{v^2}{r}$ | $mg \pm F_N = m\dfrac{v^2}{r}$ |
| 临界特征 | $F_T = 0$，即 $mg = m\dfrac{v^2}{r}$，得 $v = \sqrt{gr}$ | $v = 0$，即 $F_{向} = 0$，此时 $F_N = mg$ |
| $v = \sqrt{gr}$ 的意义 | 物体能否过最高点的临界点 | $F_N$ 表现为拉力还是支持力的临界点 |

## 五、拓展延伸（等效重力场）

1. 光滑斜面上圆周运动

物体在光滑斜面上完成圆周运动，用 $g' = g\sin\theta$ 替换竖直平面内圆周运动的 $g$，等效物体受到沿斜面向下、大小为 $g' = g\sin\theta$ 等效重力场作用，物体在竖直平面圆周运动的结论均可迁移适用。

例：如图8，倾角为 $\alpha$ 的光滑斜面，其上有长为 $L$ 的轻绳，一端固定在 $O$ 点，另一端系质量为 $m$ 的小钢球，沿斜面做圆周运动，重力加速度为 $g$，分析小钢球恰能完成圆周运动时，在 $A$ 点的最小速度。

**解析**：如图8，小钢球在光滑斜面上做圆周运动等

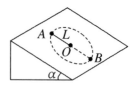

图8

效于在"等效重力场"，其中 $g' = g\sin\alpha$，方向与水平成 $\alpha$ 沿斜面向下。

如果小钢球恰能完成圆周运动，则在"等效重力场"中过 $A$ 点时，速度最小，且为 $v_A = \sqrt{g'L} = \sqrt{(g\sin\alpha)\cdot L}$，$A$ 点为"等效重力场"中的最高点，$B$ 点为"等效重力场"中的最低点。

2. 合成场中圆周运动（如带电体在重力场与匀强电场中）

先求出重力与电场力的合力，将这个合力视为"等效重力"，将 $a = \dfrac{F_{合}}{m}$ 视为"等效重力加速度"，建立"等效重力场"；再将物体在重力场中的运动规律迁移到等效重力场中分析求解即可。

**例**：如图9，方向水平向右，大小 $E$ 的匀强电场中，一不可伸长的长度 $l$ 的不导电细线一端连质量为 $m$ 的带正电小球，另一端固定于 $O$ 点，且 $mg = qE$，分析小球恰好完成圆周运动时的最小速度。

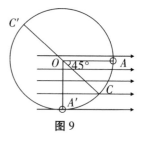

图9

**解析**：如图9，带电小球在电场和重力场中的受力情况等效于"等效重力场"，$a = \dfrac{F_{合}}{m} = \sqrt{2}g$，方向与水平成45°斜向右下。$C'$ 点为"等效重力场"中的最高点，$C$ 点为"等效重力场"中的最低点。

如果小球由图9所示的 $A$ 点静止释放，将以 $C$ 点为对称中心往复摆动；如果小球恰好能完成圆周运动，则在过 $C'$ 时，速度最小，且为 $v_{C'} = \sqrt{al}$。

## 六、学以致用

1.（2022·全国甲卷）北京 2022 年冬奥会首钢滑雪大跳台局部示意图如图10所示。运动员从 $a$ 处由静止自由滑下，到 $b$ 处起跳，$c$ 点为 $a$、$b$ 之间的最低点，$a$、$c$ 两处的高度差为 $h$，要求运动员经过 $c$ 点时对滑雪板的压力不大于自身所受重力的 $k$ 倍，运动

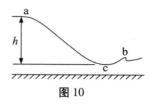

图10

过程中将运动员视为质点并忽略所有阻力，则 $c$ 点处这一段圆弧雪道的半径不应小于（　　）。

A. $\dfrac{h}{k+1}$　　B. $\dfrac{h}{k}$　　C. $\dfrac{2h}{k}$　　D. $\dfrac{2h}{k-1}$

**答案**：D。

2. （2018·全国3卷）如图11，竖直平面内，半径为 $R$ 的光滑圆弧轨道 $ABC$ 和水平轨道 $PA$ 在 $A$ 点相切，$BC$ 为圆弧轨道直径，$O$ 为圆心，$OA$ 和 $OB$ 之间的夹角为 $\alpha$，$\sin\alpha = \dfrac{3}{4}$。质量为 $m$ 的小球沿水平轨道向右运动，经 $A$ 点沿圆弧轨道通过 $C$ 点，落至水平轨道；整个过程中，除受到重力及轨道作用力外，小球还一直受到水平恒力作用，已知小球在 $C$ 点受合力方向指向圆心，且此时小球对轨道的压力恰好为零，重力加速度大小 $g$，求：

（1）水平恒力的大小和小球到达 $C$ 点时速度的大小；

（2）小球到达 $A$ 点时动量的大小；

（3）小球从 $C$ 点落至水平轨道所用的时间。

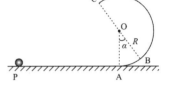

图 11

**答案：**（1）$F_0 = \dfrac{3}{4}mg$，$v = \dfrac{\sqrt{5gR}}{2}$；

（2）$p = \dfrac{m\sqrt{23gR}}{2}$；（3）$t = \dfrac{3}{5}\sqrt{\dfrac{5R}{g}}$。

# 实验 13　不相等的重力与支持力（拉力）
## ——体验超重与失重

## 一、实验目的

掌握超重、失重的物理特点。

## 二、知识平台

物体受力分析、牛顿第二定律。

## 三、器材准备

纸带、200 克带铁夹重锤（2 个）、弹簧测力计、钩码、矿泉水瓶（盛半瓶水）。

## 四、实验探究

问题一：系住重物的纸带将会如何？

如图 1、图 2，两位同学手提着纸带保持静止，一位同学突然快速上提，另一位同学突然快速下移。

图 1

图 2

1. 保持静止时，重锤受几个力？大小关系如何？

2. 快速上移，你看到什么现象？说明了什么？

3. 快速下移，你看到什么现象？说明了什么？

问题二：如图 2，弹簧测力计挂住钩码，手提测力计另一端加速上升或加速下降，观察测力计读数变化。

1. 弹簧测力计挂住钩码静止时，记录指针示数及位置。

2. 弹簧测力计挂住钩码加速上升，观察测力计指针向哪个方向移动。

3. 弹簧测力计挂住钩码加速下降，观察测力计指针向哪个方向移动。

4. 实验结论

（1）弹簧测力计挂住钩码静止时，测力计拉力大小等于物体所受重力大小（$|F_拉| = |G|$）。

（2）在加速上升时，测力计指针向下移动，拉力大小大于物体所受重力大小（$|F_拉| > |G|$）。

（3）在加速下降时，测力计指针向上移动，拉力大小小于物体所受重力大小（$|F_拉| < |G|$）。

物体上下变速运动时，弹簧测力计称出来的值不再等于物体重力大小，这种现象，在物理学上叫作超重或失重现象。

拉力大于重力，称为超重（$|G_视重| > |G|$）；

拉力小于重力，称为失重（$|G_视重| < |G|$）。

5. 思考：向上运动就会超重？向下运动就会失重？

问题三：超重与失重由什么决定？

1. 如图 3，弹簧测力计下端挂住钩码，一位同学向上减速提起重物，观察指针移动。

图3

2. 如图3，弹簧测力计下端挂住钩码，一位同学向下减速下移重物，观察指针移动。

（1）发生了什么现象？

（2）拉力跟重力会是什么关系？

3. 实验结论

超重、失重与速度方向无关，由加速度方向决定。向上加速、向下减速时，发生超重现象；向下加速、向上减速时，发生失重现象。也即是：有向上加速度时，发生超重现象；有向下加速度时，发生失重现象。

## 五、理论探究

物体加速度向上时，由 $a=\dfrac{T-mg}{m}$ 得 $T=m(g+a)>mg$，故显示为超重。

物体加速度向下时，由 $a=\dfrac{mg-T}{m}$ 得 $T=m(g-a)<mg$，故显示为失重。

思考：人站在加速下降的电梯内，在电梯加速度大小满足 $a>g$，$a=g$，$a<g$ 三种情况时，人对电梯地面的压力分别为多少？

**解析：** 物体加速度向下，由 $a=\dfrac{mg-T}{m}$，得 $T=m(g-a)<mg$，显示为失重。

当 $a<g$ 时，人站在电梯地板上，地板对人有向上支撑力，人对地板有向下的压力，但压力大小小于人的重力大小；

当 $a=g$ 时，人站在电梯地板上，地板对人没有作用力，类似于电梯不存在，人在空中自由落体；

当 $a>g$ 时，人将脱离电梯地板，相对电梯向上运动，以地面为参考系，人依然在做自由落体运动。

### 六、学以致用

1. 如图 4，弹簧测力计下端挂住钩码自由下落，观察测力计指针移动情况，解释原因。

图 4

**答案：** 钩码将完全失重，测力计指针指 0。

2. 如图 5，拧开盛满水的矿泉水瓶盖，将瓶口迅速倒置于手掌上，稳定后迅速移开手掌，使瓶子自由下落，观察瓶中水流出情况；如果将倒置于手掌上的矿泉水瓶斜上抛、斜下抛，观察瓶中水流出情况。

图 5

**答案：** 水几乎不流出。

3. （2015·江苏高考）一人乘电梯上楼，在竖直上升过程中加速度 $a$ 随时间 $t$ 变化的图线如图 6 所示，以竖直向上为 $a$ 的正方向，则人对地板的压力（　　）。

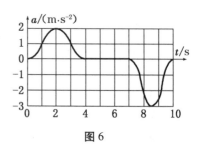

图 6

A. $t=2$ s 时最大　　B. $t=2$ s 时最小

C. $t=8.5$ s 时最大　　D. $t=8.5$ s 时最小

**答案：** AD。

# 实验 14　弹性碰撞中的速度交换

碰撞是十分普遍的现象，特别是在了解微观粒子结构与性质的过程中，对碰撞的研究起着重要作用，如正负电子对撞机等。

## 一、实验目的
掌握弹性碰撞的物理原理、特点。

## 二、知识准备
系统动量守恒条件、动量守恒定律表达式、碰撞特点、三类碰撞（弹性碰撞、非弹性碰撞、完全非弹性碰撞）。

## 三、器材准备
5 kg 铅球、乒乓球、牛顿摆。

## 四、实验探究：弹性碰撞和非弹性碰撞的特点

图 1

1. 如图 1，将球 1 向左拉高释放，撞向其余 4 个球，观察现象。

2. 将球 1 和球 2 一起向左升起，同时释放，观察现象。

3. 其余三球拿开不用，将球 1 和球 2 向左、右升起相同高度，同时释放，观察现象。

4. 在球 1 和球 2 间粘上橡皮泥，其余三个球拿开不用，将球 1 和球 2 同时向左、右升起相同高度，同时释放，观察现象。

## 五、理论探究

令物体 $m_1$ 以速度 $v_1$ 与原来静止的物体 $m_2$ 碰撞，碰撞后它们的速度分别

为 $v'_1$、$v'_2$。

1. 碰撞过程中动量守恒吗？写出动量守恒的表达式。

2. 若碰撞过程中没有机械能损失，则属于_____碰撞，写出机械能守恒表达式。

联立 1 和 2 方程，求得碰撞后两个物体的速度分别是：

$v'_1 = $ _____① ；    $v'_2 = $ _____②。（识记）

## 六、理论联系实际分析

1. 若 $m_1 = m_2$，即两物体的质量相等。

此时，$m_1 - m_2 = 0$，$m_1 + m_2 = 2m_1$，根据①②两式，则：

$v'_1 = $ _____ ；    $v'_2 = $ _____ ；

这表示_____。（速度交换）

2. 若 $m_1 \gg m_2$，即第一个物体的质量比第二个物体的质量大得多。

此时，$m_1 - m_2 \approx m_1$，$m_1 + m_2 \approx m_1$，根据①②两式，则：

$v'_1 = $ _____ ；$v'_2 = $ _____ ；

这表示_____。（铅球撞乒乓球）

实验演示：如图 2，铅球撞乒乓球

**图 2**

3. 若 $m_1 \ll m_2$，即第一个物体的质量比第二个物体的质量小得多。

此时，$m_1 - m_2 \approx -m_2$，$m_1 + m_2 \approx m_2$，根据①②两式，则：

$v'_1 = $ _____ ；$v'_2 = $ _____ ；

这表示_____。（乒乓球撞铅球）

实验演示：如图 3，乒乓球撞铅球

图 3

4. 请从碰撞过程中能量变化和形变两个角度解释弹性碰撞和非弹性碰撞。

## 七、学以致用

1. 如图 4，球 1 和球 2 质量相等，球 2 静止，球 1 与之发生非对心弹性碰撞，试分析两个球碰撞后的速度方向。（利用数图方法/数理方法）

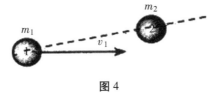

图 4

**答案**：一个运动的球与另一个质量相同的球非对心弹性碰撞，

由 $\begin{cases} m_1\overrightarrow{v_1}=m_1\overrightarrow{v_1'}+m_2\overrightarrow{v_2'} \\ \dfrac{1}{2}m_1v_1^2=\dfrac{1}{2}m_1v_1'^2+\dfrac{1}{2}m_2v_2'^2 \end{cases}$

得 $\begin{cases} \overrightarrow{v_1}=\overrightarrow{v_1'}+\overrightarrow{v_2'} \\ v_1^2=v_1'^2+v_2'^2 \end{cases}$

故最后二者速度方向相互垂直。

2. （2022·全国甲卷）如图 5，利用该装置研究碰撞过程，让质量 $m_1$ 的滑块 $A$ 与质量 $m_2$ 的静止滑块 $B$ 在水平气垫导轨上碰撞，碰撞时间极短，比较碰撞后 $A$ 和 $B$ 的速度大小 $v_1$ 和 $v_2$，分析碰撞过程是否存在弹性碰撞，完成下列填空：

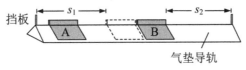

图 5

（1）调节导轨水平。

（2）测得两滑块的质量分别为 0.510 kg 和 0.304 kg，要使碰撞后两滑块运动方向相反，应选取质量为_____kg 的滑块作为 A。

（3）调节 B 位置，使得 A、B 接触时，A 的左端到左边挡板距离 $s_1$ 与 B 的右端到右边挡板距离 $s_2$ 相等。

（4）使 A 以一定的初速度沿气垫导轨运动，并与 B 碰撞，分别用传感器记录 A 和 B 从碰撞开始到各自撞到挡板所用的时间 $t_1$ 和 $t_2$。

（5）将 B 放回碰撞前位置，改变 A 初速度大小，重复步骤（4），多次测量结果如表 1。

表 1

|  | 1 | 2 | 3 | 4 | 5 |
|---|---|---|---|---|---|
| $t_1/\text{s}$ | 0.49 | 0.67 | 1.01 | 1.22 | 1.39 |
| $t_2/\text{s}$ | 0.15 | 0.21 | 0.33 | 0.40 | 0.46 |
| $k = \dfrac{v_1}{v_2}$ | 0.31 | $k_2$ | 0.33 | 0.33 | 0.33 |

（6）表中的 $k_2 =$ _____。（保留 2 位有效数字）

（7）$\dfrac{v_1}{v_2}$ 的平均值为_____。（保留 2 位有效数字）

（8）理论研究表明，本实验碰撞过程是否为弹性碰撞可由 $\dfrac{v_1}{v_2}$ 判断。若为弹性碰撞，则 $\dfrac{v_1}{v_2}$ 理论表达式为_____（用 $m_1$、$m_2$ 表示），实验中其值为_____（保留 2 位有效数字）；若该值与（7）中结果差别在允许范围内，可认为滑块 A、B 在导轨上的碰撞为弹性碰撞。

**答案：**（2）0.304；（6）0.31；（7）0.32；（8）$\dfrac{m_2 - m_1}{2m_1}$，0.34。

# 实验15 耗时为什么会相同
## ——等时圆现象

## 一、实验目的

掌握"等时圆"的物理特点。

## 二、知识平台

匀变速直线运动位移与时间关系。

## 三、器材准备

翻转环试验器。

## 四、实验探究

图1

如图1，环上有三根共端点的光滑弦（其中，一根弦为环的直径），三根弦上套有可自由滑动的小球，将环竖直放置时，直径弦正好竖直。

1. 现用手将两个小球置于弦的顶端，同时松手，观察哪颗小球先落到弦的底端（听撞击底端的声音）。

2. 现用手将三个小球置于弦的顶端，同时松手，观察哪颗小球先落到弦的底端（听撞击底端的声音）。

实验结论：三个小球从弦的一端松手，将同时落到弦的另一端。

## 五、理论探究

1. 物理原型

如图2，竖直放置的半径为 $R$ 的圆环，$PQ$ 为该圆环的竖直直径，则物体从 $P$ 点沿任意光滑直杆自由滑到圆环上各点的时间相等，且等于沿竖直直径自由下滑的时间。

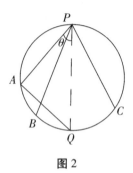

图 2

2. 解析

物体从 $P$ 点竖直下落，耗时 $t=\sqrt{\dfrac{2(2R)}{g}}=\sqrt{\dfrac{4R}{g}}$；

物体从 $P$ 点沿 $PA$ 下滑，有 $s=\dfrac{1}{2}at^2=\dfrac{1}{2}\cdot(g\cos\theta)\cdot t^2$；

又 $s=(2R)\cos\theta$，得 $t=\sqrt{\dfrac{2(2R)\cos\theta}{(g\cos\theta)}}=\sqrt{\dfrac{4R}{g}}$。

由于 $\dfrac{\pi}{2}>\theta\geqslant 0$，故竖直圆环上，静止物体从最高点 $P$ 沿任意光滑直杆自由滑到圆环上各点的时间相等，且等于沿竖直直径自由下滑的时间。

3. 总结

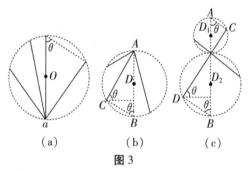

(a)          (b)          (c)

图 3

如图 3（a），竖直圆环上的质点沿不同光滑弦上端由静止开始滑到环的最低点所用时间相等；

如图 3（b），竖直圆环上静止在最高点的质点沿不同光滑弦滑到下端所用时间相等；

如图 3（c），两个竖直圆相切且两圆的竖直直径过切点，质点沿不同的过切点的光滑弦从上端由静止开始滑到下端所用时间相等。

## 六、学以致用

1. 如图 4，与水平面成 $\alpha$（未画出）倾斜放置的半径为 $R$ 的圆环，$PQ$ 为该圆环发于底端的直径，则：物体从 $P$ 点沿任意光滑直杆自由滑到圆环上各点的时间相等，且等于沿直径自由下滑的时间。

**答案：**耗时 $t=\sqrt{\dfrac{4R}{g(\sin\alpha)}}$。

2. 如图5，$Oa$、$Ob$ 和 $ad$ 是竖直平面内三根固定光滑细杆，$O$、$a$、$b$、$c$、$d$ 位于同一圆周上，$c$ 为圆周最高点，$a$ 为最低点，$O'$ 为圆心。每根杆上都套着一个小滑环（未画出），两个滑环从 $O$ 点无初速释放，一个滑环从 $d$ 点无初速释放，用 $t_1$、$t_2$、$t_3$ 表示滑环沿 $Oa$、$Ob$、$da$ 到达 $a$、$b$ 所用时间，下列关系正确的是(　　)。

A. $t_1=t_2$　　　　　B. $t_2>t_3$　　　　　C. $t_1<t_2$　　　　　D. $t_1=t_3$

**答案：**BCD。

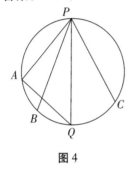

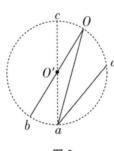

图4　　　　　　　　　图5　　　　　　　　　图6

3. （2022·全国乙卷）如图6，固定于竖直平面内的光滑大圆环上套有一个小环，小环从大圆环顶端 $P$ 点由静止开始自由下滑，在下滑过程中，小环的速率正比于(　　)。

A. 它滑过的弧长　　　　　　　　B. 它下降的高度

C. 它到 $P$ 点的距离　　　　　　D. 它与 $P$ 点的连线扫过的面积

**答案：**C。

4. 如图7，有一半圆，其直径水平且与另一圆的底部相切于 $O$ 点，$O$ 点恰好是下半圆的圆心，现在有三条光滑轨道 $AB$、$CD$、$EF$，它们的上下端分别位于上下两圆的圆周上，三轨道都经过切点 $O$，轨道与竖直线的夹角关系为 $\alpha<\beta<\theta$，现在让一物块先后从三轨道顶端由静止下滑至底端，则物块在每一条倾斜轨道上滑动时所经历的时间关系为(　　)。

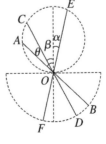

A. $t_{AB}>t_{CD}>t_{EF}$　　　　　B. $t_{AB}=t_{CD}=t_{EF}$

C. $t_{AB}<t_{CD}<t_{EF}$　　　　　D. $t_{AB}=t_{CD}<t_{EF}$

**答案：**A。

图7

# 实验16  滑不下的乒乓球

## 一、实验目的

掌握乒乓球不在斜面下滑的物理原理。

## 二、知识准备

牛顿第二定律、物体的相对静止条件。

## 三、器材准备

乒乓球、乒乓球拍。

## 四、实验探究

图1

1. 如图1，将乒乓球静止放置在手持的水平乒乓球拍上。

2. 手持乒乓球拍逐渐倾斜，欲乒乓球继续静止在乒乓球拍上，人该如何动作？

3. 欲使乒乓球在倾斜乒乓球拍上行、下行，人又该如何动作？

实验结论：欲使乒乓球静止在与水平呈一定倾角的乒乓球拍上，人应手持球拍向前方以一定加速度前行；欲使其上乒乓球上行，人持球拍向前方以更大加速度前行；欲使其上乒乓球下行，人持球拍向前方以更小加速度前行。

## 五、理论探究

如图2，光滑斜面置于光滑水平地面上，其倾角为 $\theta$，斜面上放置一质量为 $m$ 的物体 $A$，

（1）欲使物体 $A$ 相对斜面保持静止，可以采取什么方式？

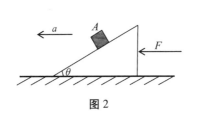

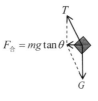

$F_合 = mg\tan\theta$

图2　　　　　　　　　图3

**解析**：欲使二者保持相对静止，物体不在光滑斜面下滑，则二者共同以加速度 $a = g\tan\theta$ 向左加速前进，单独分析物体 A 如图3，得 $a_A = g\tan\theta$。

（2）欲使物体 A 相对斜面上行，可以采取什么方式？

（当 $a > g\tan\theta$ 时，物体 A 相对斜面上行）

（3）欲使物体 A 相对斜面下行，可以采取什么方式？

（当 $a < g\tan\theta$ 时，物体 A 相对斜面下行）

## 六、学以致用

1. 如图4，小车位于水平面上，固定在小车上的支架的斜杆与竖直杆的夹角为 $\theta$，在斜杆下端固定有质量为 $m$ 的小球。下列情况中，试分析斜杆对球的作用力 $F$ 的方向。

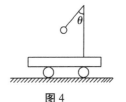

图4

（1）小车静止或水平匀速运动时，分析斜杆对球的弹力方向。

（2）小车向右匀加速运动且 $a = g\tan\theta$ 时，分析斜杆对球的弹力方向。

（3）小车向右匀加速运动且 $a > g\tan\theta$ 时，分析斜杆对球的弹力方向。

（4）小车向右匀加速运动且 $a < g\tan\theta$ 时，分析斜杆对球的弹力方向。

**答案**：

（1）斜杆对球弹力方向竖直向上。

（2）斜杆对球弹力方向沿杆斜向右上方。

（3）斜杆对球弹力方向与竖直杆夹角大于 $\theta$。

（4）斜杆对球弹力方向与竖直杆夹角小于 $\theta$。

2. 如图5，小车内一根轻质弹簧沿竖直方向和一条与竖直方向成 $\alpha$ 角的细绳拴接一小球，当小车和小球相对静止，一起在水平面上运动时，下列说法正确的是(　　)。

A. 细绳一定对小球有拉力的作用

B. 轻弹簧一定对小球有弹力的作用

C. 细绳不一定对小球有拉力的作用，但是轻弹簧对小球一定有弹力

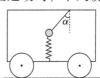

图5

D. 细绳不一定对小球有拉力的作用，轻弹簧对小球也不一定有弹力

**答案：** D。

# 实验 17　弹簧振子的振动——简谐运动

## 一、实验目的

理解、掌握弹簧振子的振动特点——简谐运动。

## 二、知识平台

胡克定律 $F = -Kx$、牛顿第二定律 $a = \dfrac{F}{m}$、机械能守恒、动能势能转化关系。

## 三、器材准备

弹簧振子演示仪（振子质量 $M$）。

## 四、实验探究

1. 如图 1，将弹簧振子演示仪装配好，平衡时，悬吊振子的绳子拉力与振子的重力平衡，振子处于刻度尺 0 刻度处，振子两侧的轻弹簧处于水平原长状态，且无摩擦力。

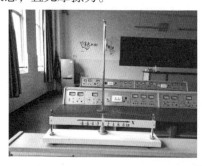

图 1

2. 如图 2，在轻弹簧弹性限度内，向一侧（右侧）拉动振子到某一具体位置 $A$，对应刻度 $x_0$，即轻弹簧形变量 $x_0$，松手，观察弹簧振子的振动情况（另一侧最大位置为 $A'$）。

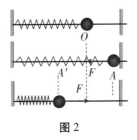

图 2

记录如下（令向右为"+"方向）：

表1

| 振子运动 | $A$ | $A\to0$ | $0$ | $0\to A'$ | $A'$ | $A'\to0$ | $0\to A$ |
|---|---|---|---|---|---|---|---|
| 位移 $x$：对0点位移方向？大小变化？ | | | | | | | |
| 回复力 $F$：回复力方向？大小变化？ | | | | | | | |
| 加速度 $a$：加速度方向？大小变化？ | | | | | | | |
| 速度 $v$：速度方向？大小变化？ | | | | | | | |
| 振子动能 | | | | | | | |
| 弹簧势能 | | | | | | | |
| 系统总能量 | | | | | | | |

3. 实验结论

（1）当物体向平衡位置运动时，_____同向，振子做变加速运动，此时_____减小，_____增大。当物体远离平衡位置运动时，_____反向，振子做变减速运动，此时_____减小，_____增大。

（2）当物体运动到平衡位置时，_____最大，_____最小（为零）。当物体运动到最大位移处，_____最大，_____最小（为零）。

（3）做简谐运动的物体，运动过程中各物理量关于平衡位置对称。

## 五、理论探究

1. 运动学描述：如果质点的位移与时间的关系遵从正弦函数的规律，即它的振动图象是一条正弦曲线，这样的振动叫作简谐运动。

$$x = A\sin(\omega t + \varphi)$$

2. 动力学描述：如果质点所受的力与它偏离平衡位置位移的大小成正比，并且总是指向平衡位置，质点的运动就是简谐运动。

$$F = -Kx$$

## 六、学以致用

1. 如图3，轻弹簧下端悬挂钩码，处于平衡状态，现在弹性限度内，向下拉动钩码，松手，观察钩码的运动，描述钩码的运动情况。如果将轻弹簧装置固定置于光滑斜面上呢？小木块在水中上下浮动，是否是简谐运动？

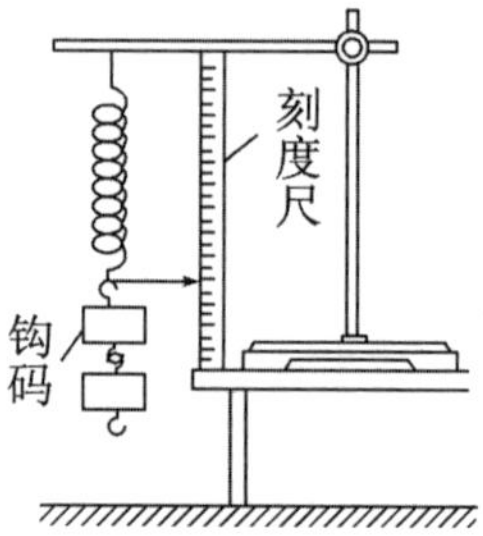

**解析**：平衡时，令弹簧伸长 $x_0$，有 $mg = kx_0$，取物体平衡位置为坐标原点，令向上为"$+$"，在平衡位置下方 $x_1$ 处的回复力 $F = -[k(x_0 + x_1) - mg] = -kx_1$，物体上下振动时，$F_合$ 与位置 $x$ 方向相反，大小成正比，故竖直弹簧挂钩码的振动为简谐运动，其他的运动亦都是简谐振动。

图3

2. （2022·全国乙卷）如图4，长为 $l$ 的细绳下方悬挂一小球 $a$，绳的另一端固定在天花板上 $O$ 点处，在 $O$ 点正下方 $\dfrac{3l}{4}$ 的 $O'$ 处有一固定细铁钉，将小球向右拉开，使细绳与竖直方向呈一小角度（约为 $2°$）后由静止释放，并从释放时开始计时。当小球 $a$ 摆至最低位置时，细绳会受到铁钉的阻挡。设小球相对于其平衡位置的水平位移为 $x$，向右为正。下列图象中，能描述小球在开始一个周期内的 $x$-$t$ 关系的是（　　）。

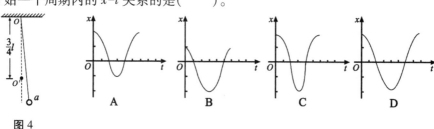

图4

**答案**：A。

# 实验 18　气体压强的微观模拟

## 一、实验目的

掌握气体压强的微观本质。

## 二、知识准备

从微观角度看，气体对容器压强是大量气体分子对容器碰撞引起的。

## 三、实验器材

气体压强微观模拟演示器、学生电源。

## 四、实验模拟

如图 1，用豆粒模拟气体分子，将演示器工作电压调节到 10 V。

图 1

　　1. 在演示器容器中撒入少部分豆粒，接通电源，观察豆粒的运动与上部轻质浮筒的移动，记录稳定时浮筒的位置。

　　2. 关闭电源，在演示器容器中再度撒入部分豆粒，其他条件不变，接通电源，观察豆粒的运动与上部轻质浮筒的移动，记录稳定时浮筒的位置。

　　3. 关闭电源，在演示器容器中撒入全部豆粒，其他条件不变，接通电源，观察豆粒的运动与上部轻质浮筒的移动，记录稳定时浮筒的位置。

　　4. 在 3 的基础上，逐渐增加工作电压到 15 V，观察豆粒的运动与上部轻质浮筒的移动，记录稳定时浮筒的位置。

　　实验结论：封闭空间中豆粒数增加，轻质浮筒稳定时位置较原来上升；工作电压增大导致振动加强，轻质浮筒稳定时位置较原来上升。

### 五、理论探究

气体压强的表达为 $P = nkT$。其中，$n$ 为封闭气体分子的单位体积的个数，即数密度；$k$ 为玻尔兹曼常数（$k = 1.38 \times 10^{-23}$ J/K）；$T$ 为热力学温度，表征理想气体的分子平均平动能。当 $n$ 增加、$T$ 增加时，对应气体压强增加，从微观上看，气体压强的大小跟两个因素有关，一是气体分子的平均动能，一是气体分子的密集程度。宏观呈现为浮筒受到向上的力更大，稳定时浮筒位置较原来上升。

### 六、学以致用

1.（2019·全国2卷）如图2所示，1、2、3 三个点代表某容器中一定量理想气体的三个不同状态，对应的温度分别是 $T_1$、$T_2$、$T_3$。用 $N_1$、$N_2$、$N_3$ 分别表示这三个状态下气体分子在单位时间内撞击容器壁上单位面积的次数，则 $N_1$ _____ $N_2$，$T_1$ _____ $T_3$，$N_2$ _____ $N_3$。（填"大于""小于"或"等于"）

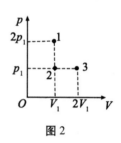

图 2

答案：大于，等于，大于。

2.（2019·全国1卷）某容器中的空气被光滑活塞封住，容器和活塞绝热性能良好，空气可视为理想气体，初始时容器中空气的温度与外界相同，压强大于外界，现使活塞缓慢移动，直至容器中的空气压强与外界相同，此时，容器中空气的温度 _____（填"高于""低于"或"等于"）外界温度，容器中空气的密度 _____（填"大于""小于"或"等于"）外界空气的密度。

答案：低于，大于。

# 实验 19 "场"是什么（一）

## 第①项实验：感知电场（无源点亮日光灯）

### 一、实验目的

检验电场是否存在。

### 二、知识准备

"场"客观存在，是一种物质。

### 三、实验器材

辉光球、日光灯、金属笼、韦氏静电感应起电机、金属支架、双金属圆盘（附验电流苏）。

### 四、实验探究

实验一：如图 1，神奇的辉光球，探究辉光产生原因。

辉光球又称为电离子魔幻球，它的外观为直径约 15 cm 的高强度玻璃球壳，球内充有稀薄的惰性气体（如氩气等），中央有一个黑色球状电极，底部有一块振荡电路板，通过电源变换器，将 12 V 低压直流电转变为高频高压加在电极上。通电后，振荡电路产生高频强电场，由于球内稀薄气体受到高频电场的电离作用而光芒四射，产生神秘色彩，由于电极上电压很高，故所发生的光是一些辐射状辉光，绚丽多彩，光芒四射，非常漂亮。

图 1

实验二：如图 2，无电源点亮日光灯，探究原因。

图 2

结论：日光灯一端接触发光辉光球，日光灯发亮。原因：静电感应。

实验三：如图 3，无开关熄灭日光灯，探究原因。

图 3

结论：金属笼罩住发光辉光球，日光灯将熄灭。原因：静电屏蔽。

实验四：如图4，验电流苏演示匀强电场，探究原因。

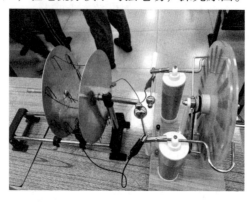

图 4

结论：带电流苏由原来的竖直变成几乎水平。原因：金属圆盘间有匀强电场。

## 五、理论探究：5 种电场的电场线描述（图5—图9）

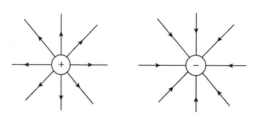

图 5　孤立点电荷的电场

图 6　等量异号点电荷的电场　　图 7　等量同号点电荷的电场

图 8　匀强电场　　　　　图 9　点电荷与金属板间的电场

## 六、学以致用

1. "场"是物理学中的重要概念，除了电场和磁场，还有引力场。物体之间的万有引力就是通过引力场发生作用的，地球附近的引力场叫作重力场。

仿照电场强度的定义，你认为应该怎样定义重力场强度的大小和方向？

**答案**：大小 $g=\dfrac{G}{m}=\dfrac{mg}{m}$；方向竖直向下。

2.（2022·全国乙卷）如图10，两对等量异号点电荷$+q$、$-q$($q>0$) 固定于正方形的4个顶点上，$L$、$N$ 是该正方形两条对角线与其内切圆的交点，$O$ 为内切圆的圆心，$M$ 为切点，则（　　）。

图10

A. $L$ 和 $N$ 两点处的电场方向相互垂直

B. $M$ 点的电场方向平行于该点处的切线，方向向左

C. 将一带正电的点电荷从 $M$ 点移动到 $O$ 点，电场力做正功

D. 将一带正电的点电荷从 $L$ 点移动到 $N$ 点，电场力做功为零

**答案**：AB。

# 第②项实验：悬浮法模拟磁感线

19世纪30年代，法拉第提出：磁体的周围存在着由它产生的磁场，处在磁场中的其他磁体受到的作用力就是磁场给予的。磁场看不见、摸不着，却真实存在。为了直观描绘磁场，法拉第提出磁感线概念。

**一、实验目的**

悬浮法模拟条形磁铁磁场分布。

**二、实验器材**

条形磁铁、小磁针、玻璃箱（盛水）、平板玻璃、铁屑、带小磁针的立体平板玻璃。

**三、实验探究**

条形磁铁磁感线形状的模拟：

1. 如图1，"第一代"模拟器材：铁屑放在平板玻璃上

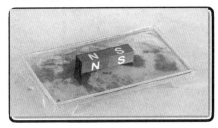

图1

2. 如图2，"第二代"模拟器材：小磁针分布在平板玻璃上

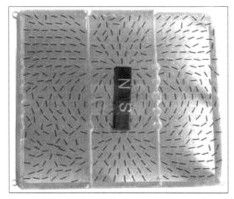

图 2

3. 如图3，"第三代"模拟器材：小磁针分布在立体平板玻璃上

图 3

4. 如图4，悬浮法演示磁感线：包裹浮子的小磁针悬浮在水中

实验原理：用水作为载体，包裹浮子的小磁针悬浮在水中，小磁针重力与其受的浮力平衡，不产生影响，小磁针自由静止。根据"自由静止小磁针 N 级指向为该点磁场方向"模拟条形磁铁磁场分布。

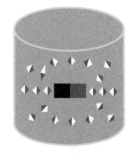

图 4

实验结论:

1. 磁体周围存在着由它产生的磁场,处在磁场中的其他磁体受到的作用力是磁场给予的。

2. 磁场看不见、摸不着,却真实存在。为形象描述磁场,引入假想的磁感线概念。磁感线是从磁体北极出发,回到磁体南极,再由磁体南极穿过磁体回到磁体北极的闭合曲线。

3. 磁场有方向,小磁针在磁场中静止时,北极指向为该点的磁场方向,或者磁感线曲线上每一点的切线方向为该点的磁场方向。

## 四、比较磁感线与电场线的特点及认识永磁体、电流的磁场

1. 磁感线与电场线的比较

表1

| | | 磁感线 | 电场线 |
|---|---|---|---|
| 相似点 | 引入目的 | 为形象描述场而引入的假想线,实际不存在 | |
| | 疏密 | 场的强弱 | |
| | 切线方向 | 场的方向 | |
| | 是否相交 | 不能相交(电场中无电荷空间不相交) | |
| 不同点 | | 不中断的闭合曲线 | 不闭合,起始于正电荷或无限远,终止于无限远或负电荷 |

2. 常见永磁体的磁场(如图5—图8)

 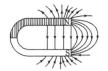  

图5 条形磁铁　　图6 蹄形磁铁　　图7 异名磁极　图8 同名磁极

3. 常见电流的磁场

表2

| | 安培定则 | 立体图 | 横截面图 | 纵截面图 |
|---|---|---|---|---|
| 直线电流 | $I$ | $I$ | | $I$ × × × × × × × × |
| 以导线上任意点为圆心垂直于导线的多组同心圆,越向外越稀疏,磁场越弱 | | | | |

续表

| | 安培定则 | 立体图 | 横截面图 | 纵截面图 |
|---|---|---|---|---|
| 环形电流 | 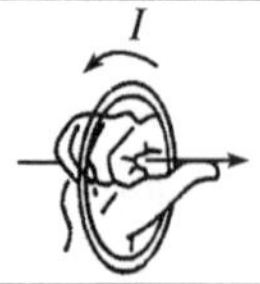 | 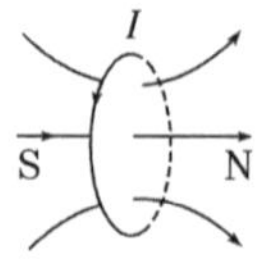 | 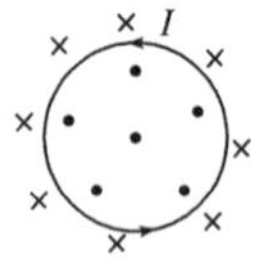 | 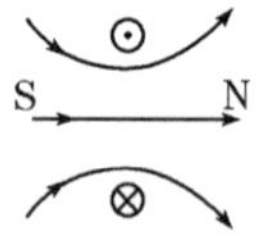 |
| | 内部磁场比环外强，磁感线越向外越稀疏 | | | |
| 通电螺线管 | 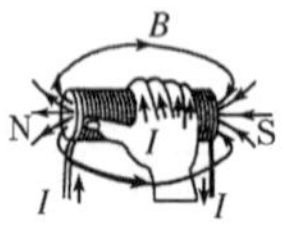 | 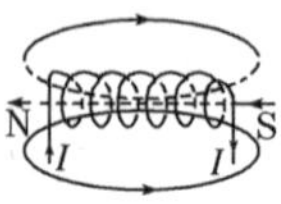 | 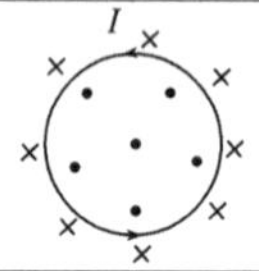 | 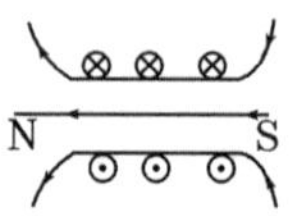 |
| | 内部为匀强磁场且比外部强，方向由 S 极指向 N 极，外部类似条形磁铁，由 N 极指向 S 极 | | | |

## 五、学以致用

1. 如图 9，a、b、c 三根小磁针分别在通电螺线管正上方、管内和右侧，当这些小磁针静止时，小磁针 N 极的指向是(　　)。

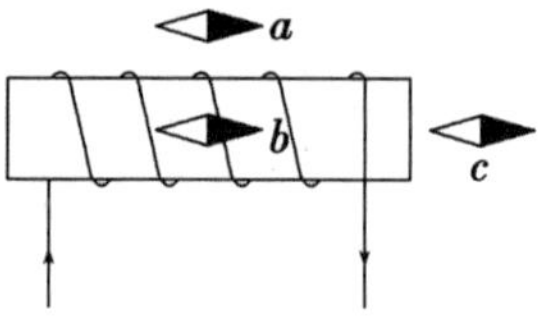

A. a、b、c 均向左

B. a、b、c 均向右

C. a 向左，b 向右，c 向右

D. a 向右，b 向左，c 向右

**答案**：C。

图 9

2. 图 10 为磁场、磁场作用力演示仪中的线圈，当在线圈中心处挂上一个小磁针，且与线圈在同一平面内，则当线圈通以如图电流时(　　)。

A. 小磁针 N 极向里转

B. 小磁针 N 极向外转

C. 小磁针在纸面内向左摆动

D. 小磁针在纸面内向右摆动

**答案**：A。

图 10

# 实验 20　探究雷、电的奥秘

每当暴雨降临，总是雷声隆隆，电光闪闪，雷与电总是相伴出现，因此有"雷电交加"一词。现在，我们探究雷电的形成。

## 一、实验目的
知道雷电的形成原因及避雷针的原理。

## 二、知识准备
正负电荷及电荷守恒、电离、尖端放电。

## 三、实验器材
04011 型电子开关式高压感应圈、导线、金属尖端、220 V 交流电源、导体球、圆形金属板。

## 四、实验探究：尖端放电
问题 1：导体球和金属尖端谁更容易放电？说明什么问题？（如图 1，高压感应圈引出的一根导线接圆形金属板、另一根导线接金属球或金属尖端）

图 1

结论：接金属尖端时放电，接导体球时几乎无反应。说明金属尖端更容易放电。

问题 2：尖端放电现象是如何产生的？（如图 2，高压感应圈引出的 2 个金属尖端相对而立）

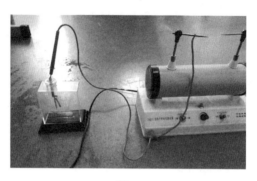

图 2

结论：两个金属尖端之间出现电弧。原因：其间空气被击穿。

问题3：如何检验空气中带电粒子发生了定向移动？（如图3，通过蜡烛火焰的摆动检验电风的走向，"显化"电荷定向移动）

图 3

结论：蜡烛火焰向一端摆动，说明空气中带电粒子在定向移动。

实验结论：

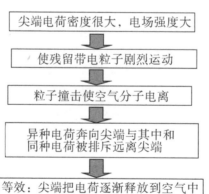

## 五、理论解释：尖端放电

1. 空气的电离

导体尖端的电荷密度很大，附近的电场很强，空气中残留的带电粒子在强电场的作用下发生剧烈的运动，把空气中的气体分子撞"散"，也就是使分子中的正负电荷分离，这个现象叫作空气的电离。

2. 尖端放电

空气中的中性分子电离后变成带负电的自由电子和失去电子而带正电的离子，这些带电粒子在强电场的作用下加速，撞击空气中的分子，使它们进一步电离，产生更多的带电粒子。那些所带电荷与导体尖端的电荷电性相反的粒子，由于被吸引而奔向尖端，与尖端上的电荷中和，相当于导体从尖端失去电荷，这个现象叫作尖端放电。

## 六、学以致用

1. 尖端放电的应用：避雷针

避雷针的原理是＿＿＿＿＿＿＿＿＿＿＿＿＿＿＿＿＿＿＿＿。

避雷针的本质是将云中电荷中和；等效于将云中电荷引入大地。

2. 尖端放电的防止：高压设备中导体的表面尽量＿＿＿＿（光滑、粗糙），会减少电能的损失。

3. 如图4，家中燃气灶和燃气热水器中，常常安装电子点火器，接通电子线路时产生高电压，通过高压放电的电火花来点燃气体。我们看到，点火器的放电电极做成了针形，这是为什么？与此相反，验电器的金属杆上端却固定一个金属球而不做成针尖状，这又是为什么？

图4

4. 解释雷电形成的原因。

# 实验 21　电磁信号去哪了
## ——神奇的静电屏蔽（外屏蔽、内屏蔽）

## 一、实验目的

观察、理解静电屏蔽。

## 二、知识准备

静电平衡知识。

## 三、实验器材

范式起电机、验电器、验电流苏、金属笼、玻璃罩、日光灯管。

## 四、实验探究

### (一) 外屏蔽实验

实验1：如图1，起电机起电后靠近验电流苏，验电流苏为什么会张开？说明什么问题？

图1

或者以小验电器代替验电流苏（如图2）。

图2

结论：验电流苏（验电器金属箔片）张开。原因：感应起电。

实验2：如图3，玻璃罩罩住验电流苏时，有什么现象？说明什么问题？

图3

结论：验电流苏张开。说明玻璃罩未产生影响。

实验3：如图4，被金属笼罩住的验电流苏没有反应，说明什么问题？

**图4**

或者以小验电器代替验电流苏（如图5）。

**图5**

结论：验电流苏（验电器金属箔片）无反应。原因：金属罩屏蔽了外来电场。

实验4：金属盒、金属笼对电磁波的屏蔽（如图6，用金属盆罩住手机，手机还能接通吗？如果用塑料盒罩住手机呢？）

**图6**

结论：金属盒罩住手机，手机不能接通。塑料盒罩住手机，手机能接通。

总结：将外部电场屏蔽，使之不能影响导体空腔内部，称为外屏蔽。

### （二）内屏蔽实验（金属笼接地）

实验 1：如图 7，起电机起电后靠近验电流苏，验电流苏为什么会张开？说明什么问题？

**图 7**

结论：验电流苏张开。原因：感应起电。

实验 2：如图 8，以接地金属笼逐渐罩住发光辉光球，观察日光灯，有什么现象？说明什么问题？

**图 8**

结论：日光灯逐渐熄灭。原因：接地金属笼屏蔽了内部电场。

## 五、理论探究：静电屏蔽的两种情况

表 1

| | 外屏蔽 | 内屏蔽 |
|---|---|---|
| 图示 | | |

续表

| | 外屏蔽 | 内屏蔽 |
|---|---|---|
| 实现过程 | 因场源电荷产生的电场与导体球壳表面上感应电荷在空腔内的合场强为零，达到静电平衡状态，起到屏蔽外场的作用 | 当空腔外部接地时，外表面的感应电荷因接地将传给地球，外部电场消失，起到屏蔽内电场的作用 |
| 最终结论 | 导体内空腔不受外界电荷影响 | 接地导体空腔外部不受内部电荷影响 |
| 本质 | 静电感应与静电平衡，所以做静电屏蔽的材料只能是导体，不能是绝缘体 | |

结论：

（1）外屏蔽（场源在外部，金属壳不接地）：外场对孤立金属壳内无影响；内屏蔽（场源在内部，金属壳须接地）：内场对孤立金属壳外无影响。

（2）如金属壳接地，外场对金属壳内无影响，内场对金属壳外无影响。

## 六、学以致用

1. 如图9，将悬挂在细线上的带正电的小球 $A$ 放在不带电的金属球壳 $C$ 内（不和球壳内壁接触），另有一个悬挂在细线上的带负电的小球 $B$ 向 $C$ 靠近，将出现（　　）。

　　A. $A$ 往左偏离竖直方向，$B$ 往右偏离竖直方向

　　B. $A$ 的位置不变，$B$ 往右偏离竖直方向

　　C. $A$ 往左偏离竖直方向，$B$ 的位置不变

　　D. $A$ 和 $B$ 的位置都不变

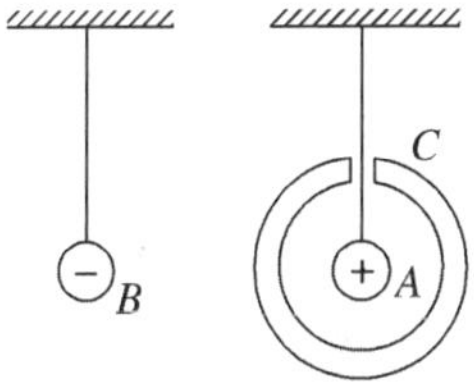

　　答案：B。

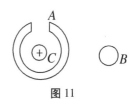

图9

2. 如图10，带电体 $Q$ 靠近一个接地空腔导体，空腔里面无电荷。在静电平衡后，下列物理量中等于零的是（　　）。

　　A. 导体腔内任意点的场强

　　B. 导体腔内任意点的电势

　　C. 导体外表面的电荷量

　　D. 导体空腔内表面的电荷量

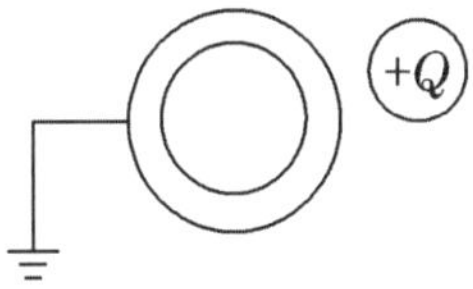

　　答案：ABD。

图10

3. 如图11，$A$ 为空心金属球，$B$ 为金属球，$A$、$B$ 原来不带电，将另一带正电荷的小球 $C$ 从 $A$ 球开口处放入 $A$ 球中央，不接触 $A$ 球，然后用手接触一下 $A$ 球，再用手接触一下 $B$ 球，再移走 $C$ 球，则（　　）。

　　A. $A$ 球带负电荷，$B$ 球带正电荷

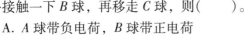

图11

B. $A$ 球带负电荷，$B$ 球不带电

C. $A$、$B$ 两球都带负电荷

D. $A$、$B$ 两球都带正电荷

答案：B。

# 实验 22　夜深了，灯更亮了

## ——寻找路端电压与负载的关系

晚上用电多的时候，灯光发暗，而当夜深人静时，灯光特别明亮。或者，在插上电炉、电暖气等大功率电器时，灯光会变暗，拔掉后灯光马上又明亮了，在一些供电质量不太好的地区尤其如此。试解释此种现象。

### 一、实验目的

寻找路端电压与负载的关系。

### 二、知识准备

闭合电路欧姆定律 $E = U + U_r = U + Ir$。

### 三、实验器材

干电池（2 节）、开关（3 个）、电压表、同规格小灯泡（3 个）、灯具座（3 个）、滑动变阻器、导线。

### 四、实验探究

1. 如图 1，按电路图连接电路。

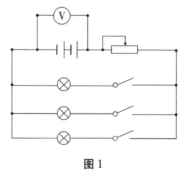

**图 1**

2. 闭合 1 个开关，观察灯泡亮度和电压表读数。

3. 闭合 2 个开关，观察灯泡亮度和电压表读数。

4. 闭合 3 个开关，观察灯泡亮度和电压表读数。

实验结论：并联灯泡启动越多，小灯泡越暗，连接在干电池两端的电压表读数越小；反之，并联灯泡启动越少，小灯泡越亮，连接在干电池两端的电压表读数越大。

### 五、理论探究：如图 2，寻找路端电压与负载关系 $U = E - Ir$

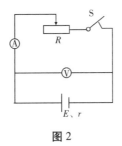

图 2

由 $E = U + U_r = U + Ir$ 可知，在并联电器启动越多时，有：

$$R_{\text{并}} \downarrow \Rightarrow I = \left( \frac{E}{R_{\text{并}} + r} \right) \uparrow \Rightarrow (Ir) \uparrow \Rightarrow U = (E - Ir) \downarrow$$

故：并联电器启动越多，电源路端电压越小（即负载电压减小）；如图 3，并联灯泡启动越多，小灯泡越暗。

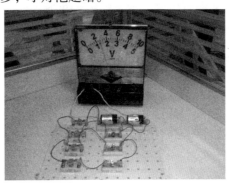

图 3

### 六、学以致用

1. 如图 4，平行金属板中带电质点 $P$ 原处于静止状态，不考虑电流表和电压表对电路的影响，选大地的电势为零，当滑动变阻器 $R_4$ 的滑片向 $b$ 端移动时，下列说法正确的是(    )。

A. 电压表读数减小

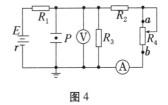

图 4

B. $P$ 的电势能减小

C. 电源的效率变高

D. 若电压表、电流表的示数变化量分别为 $\Delta U$ 和 $\Delta I_A$，则 $\left|\dfrac{\Delta U}{\Delta I_A}\right| < r + R_1$

答案：AD。

# 实验 23　随"我"而动的阴极射线

## ——观察阴极射线在磁场中的偏转

从宇宙深处射来的带电粒子为什么只在地球的两极引起极光？电视显像管中的电子只是细细的一束，为什么能使整个屏幕发光？下面，我们探讨这类问题。

### 一、实验目的

寻找阴极射线在磁场中偏转的原因。

### 二、实验器材

阴极射线管、高压感应电源、蹄形磁铁、导线。

### 三、知识准备

通电导线在磁场中受到安培力作用、阴极射线管的原理。

### 四、实验探究

1. 如图 1，从阴极发射出来电子，在阴阳两极间的高压作用下，电子加速，形成电子束，轰击到长条形的荧光屏上激发出荧光，可以显示电子束运动轨迹。（观察实验现象）

图 1

2. 在没有外磁场时，电子束沿直线运动，将蹄形磁铁靠近阴极射线管，发现电子束运动轨迹发生了弯曲，表明磁场对运动电荷有作用。

3. 改变磁场方向，观察阴极射线的偏移情况。

实验结论：

1. 电荷的定向移动形成电流，正电荷定向移动的方向为电流方向。磁场对电流有力的作用，叫安培力。磁场对运动电荷有力的作用，叫洛伦兹力。安培力是洛伦兹力的宏观表现。

2. 洛伦兹力方向的判断（左手定则）

伸开左手，使大拇指跟其余四个手指垂直，并且都和手掌在一个平面内，让磁感线垂直穿入手心，并使伸开的四指指向正电荷运动的方向，那么，大拇指所指的方向就是运动的正电荷在磁场中所受洛伦兹力的方向。

### 五、理论探究：洛伦兹力大小、方向

设有一段长为 $L$，横截面积为 $S$ 的直导线，单位体积内的自由电荷数为 $n$，总自由电荷数为 $N$，每个自由电荷的电荷量为 $q$，自由电荷定向移动的速率为 $v$。这段通电导线垂直磁场方向放入磁感应强度为 $B$ 的匀强磁场中，如图2，有：

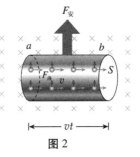

图2

1. 电流强度 $I = nqSv$

2. 通电导线所受的安培力 $F = BIL = B \cdot (nqSv) \cdot L$

3. 每个电荷所受的洛伦兹力 $f = \dfrac{F}{N} = \dfrac{F}{n \cdot (SL)} = qvB$

结论：

1. 洛伦兹力方向：与带电粒子速度 $v$、磁感应强度 $B$ 所在的平面垂直。

2. 洛伦兹力大小：带电粒子速度方向与磁感应强度方向垂直时，洛伦兹力 $f = qvB$；带电粒子速度方向不和磁感应强度方向垂直时（令速度 $v$ 与磁感应强度 $B$ 的方向夹角 $\theta$），洛伦兹力 $f = qvB\sin\theta$。

3. 洛伦兹力对带电粒子运动速度的影响：只改变粒子运动速度方向，不改变速度大小，对带电粒子永远不做功。

### 六、学以致用

1. 如图3，两平行金属板间，匀强电场和匀强磁场互相垂直。带电粒子以速度 $v_0$ 从两板的正中央垂直于电场方向和磁场方向射入时，恰好能沿直线匀速通过，供下列各小题选择的答案有：

A. 不偏转　　　　　　　B. 向上偏转

C. 向下偏转                    D. 向纸内或纸外偏转

（1）若质子以速度 $v_0$ 从两极板正中央垂直电场方向和磁场方向射入，质子将（    ）。

（2）若电子以速度 $v_0$ 从两极板正中央垂直电场方向和磁场方向射入，电子将（    ）。

（3）若质子以大于速度 $v_0$ 从两极板正中央垂直电场方向和磁场方向射入，质子将（    ）。

（4）若增大匀强磁场磁感应强度，其他条件不变，电子以速度 $v_0$ 从两极板正中央垂直电场方向和磁场方向射入，电子将（    ）。

2. 如图 4，霍尔效应在 1879 年被 E. H. 霍尔发现，它定义了磁场和感应电压之间的关系。当电流 $I$ 通过一个位于磁场 $B$ 中的厚度为 $d$ 的导体的时候，磁场会对导体中的电子（电荷量 $e$）产生一个横向的作用力，从而在导体两端产生电压，这样的电压称为霍尔电压，对应的元件称为霍尔元件。如图 4 霍尔元件，形成电流的是负电子（单位体积的自由电子数 $n$），分析霍尔原件的 $M$ 和 $N$ 两个极板，哪个电势更高？推导霍尔电压 $U_H=$？

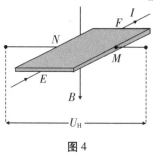

图 4

答案：1.（1）A；（2）A；（3）B；（4）C。

2. $\varphi_M > \varphi_N$，$U_H = \dfrac{1}{ne} \cdot \dfrac{IB}{d}$。

# 实验 24　欧姆定律的适用边界
## ——探究电功率与热功率的关系

欧姆定律 $I = \dfrac{U}{R}$ 适用于纯电阻电路，对于非纯电阻电路不适用，如何理解？

## 一、实验目的

探究 $P_电 = UI$ 与 $P_热 = I^2R$ 是否相等。

## 二、知识准备

电功率 $P_电 = UI$、焦耳定律 $Q = I^2Rt$、热功率 $P_热 = I^2R$。

## 三、实验器材

玩具电动机、电压表、电流表、电键、导线、滑动变阻器、干电池 4 节。

## 四、实验探究

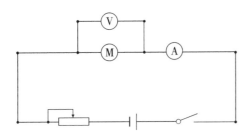 

图 1

1. 如图 1，按照电路图连接电路。

2. 卡住电动机，调整滑动变阻器，闭合电键，记下 $U$、$I$ 值，算出电动机电阻 $R$ 值，再算出此时电动机电功率 $P_电$、热功率 $P_热$，进行比较。

3. 使电动机空转，调整滑动变阻器，闭合电键，记下 $U$、$I$ 值，算出电动机的电功率 $P_电$、热功率 $P_热$，进行比较。

4. 使电动机提升重物，调整滑动变阻器，闭合电键，记下 $U$、$I$ 值，算出电动机电功率 $P_电$、热功率 $P_热$，进行比较。

实验数据记录：

表 1

| 物理量 \ 状态 | 电压 $U$ | 电流 $I$ | 电阻 $R$ | 电功率 $P_电 = UI$ | 热功率 $P_热 = I^2R$ |
|---|---|---|---|---|---|
| 卡住 | | | | | |
| 空转 | | | | | |
| 载重 | | | | | |

实验结论：

1. 电动机不转时：电能全部转化为内能，$P_电=P_热$，欧姆定律成立，为纯电阻电路。

2. 电动机转动时：电能转化为机械能和内能，$P_电>P_热$，即：$IU>I^2R$，为非纯电阻电路。

## 五、理论探究

1. 对于纯电阻电路，电功全部转化为电热，欧姆定律适用。

由 $I=\dfrac{U}{R}$，有 $P_热=P_电=UI=I^2R=\dfrac{U^2}{R}$。

2. 对于非纯电阻电路，欧姆定律不再适用，只有 $P_电=UI$，而 $P_电=UI\neq I^2R$。如表2：

表 2

| | 纯电阻电路 | 非纯电阻电路 |
|---|---|---|
| 元件特点 | 电路中只有电阻元件，如电阻、电炉丝、白炽灯等 | 电路中除电阻外，还包括能把电能转化为其他形式能的用电器，如电动机、电解槽等 |
| 欧姆定律是否适用 | 适用，$I=\dfrac{U}{R}$ | 不适用，$I<\dfrac{U}{R}$ |
| 能量转化 | 电能全部转化为内能，有 $W=Q=UIt=I^2Rt=\dfrac{U^2}{R}t$ | 电能转化为内能和其他形式的能量，有 $W=UIt$，$Q=I^2Rt$，$W=Q+W_{其他}$ |
| 功率特点 | 电功率等于热功率，有 $P_热=P_电=UI=I^2R=\dfrac{U^2}{R}$ | 电功率等于热功率与其他功率之和，有 $P_电=UI$，$P_热=I^2R$，$P_电=I^2R+P_{其他}$ |

## 六、学以致用

1. 有一台电风扇，标有"220 V，50 W"，电动机线圈的电阻为 0.4 Ω，把它接入 220 V 的电路中，以下几种计算时间 $t$ 内产生热量的方法中正确的是(    )。

A. $\dfrac{U^2}{R}\cdot t$     B. $Q=Pt$

C. $Q=\left(\dfrac{P}{U}\right)^2Rt$     D. 以上三种方法均正确

答案：C。

2. 规格为"220 V，36 W"的排气扇，线圈电阻为 40 Ω，求：

（1）接上 220 V 的电压后，求排气扇转化为机械能的功率和发热的功率；

（2）如果接上 220 V 的电压后，扇叶被卡住，不能转动，求电动机消耗的功率和发热的功率。

**答案：**（1）35 W，1 W；（2）1210 W，1210 W。

3. 普通照明灯泡的若干参数，如表 3：（说明：Pz220-25 表示普通照明灯泡额定电压 220 V，额定功率 25 W。）

表 3

| 序号 | 型号 | 正常工作电阻(Ω) | 正常工作电流（A） |
|---|---|---|---|
| 1 | Pz220-25 | 2000 | 0.11 |
| 2 | Pz220-40 | 1210 | 0.18 |
| 3 | Pz220-60 | 815 | 0.27 |
| 4 | Pz220-100 | 484 | 0.45 |

# 实验 25　半偏法测量电表的内阻

电阻测量是高考中的重点和难点，其中，半偏法测电表内阻简洁、高效。

## 一、实验目的
掌握"半偏法"测量电表内阻的方法。

## 二、知识准备
电路串联、并联知识。

## 三、实验器材
电流表、电压表、滑动变阻器（0~10000 Ω）、电阻箱、开关、干电池（2 节）、导线。

## 四、实验探究

### （一）电流表半偏法

1. 测量原理

测量电路如图 1 所示。

（1）闭合 $S_1$，断开 $S_2$，调节 $R$ 的大小，使电流表$\text{G}$满偏。

（2）闭合 $S_2$ 后，$R$ 大小不变，改变电阻箱 $R'$ 的阻值，使电流表$\text{G}$半偏。

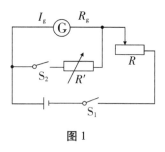

图1

（3）由于 $I_g$ 很小，则 $R$ 的阻值很大时，在开关 $S_2$ 闭合前后，电路中的总阻值变化很小，我们就认为不变，因此干路中的电流也不变。当电流表$\text{G}$的指针半偏时，流过电阻箱 $R'$ 的电流与流过电流表$\text{G}$的电流相等，则 $R_g=R'$。

2. 注意事项

（1）滑动变阻器 $R$ 的阻值很大，在闭合 $S_1$ 前，其有效阻值应调至最大。

（2）电阻箱 $R'$ 不能用滑动变阻器替代。

（3）测电流表$\text{G}$的内阻时，在 $S_2$ 闭合后，不能再调节 $R$，以保持电路中的总电流基本不变。

（4）测电流表$\text{G}$的内阻时，必须确保 $R \gg R_g$。

3. 误差分析

利用"半偏法"测出电流表$\text{G}$的内阻 $R_g=R'$。事实上，在 $S_2$ 闭合后，电路结构已发生变化，导致电路中的总电阻 $R_{总}$ 减小，由闭合电路欧姆定律知，电路中的总电流增大，当流过电流表$\text{G}$的电流为 $\dfrac{I_g}{2}$ 时，流过电阻箱 $R'$ 的电流大于 $\dfrac{I_g}{2}$，故 $R'<R_g$，即利用"半偏法"测得的电流表$\text{G}$的内阻偏小。

4. 拓展

本实验可以在干路中串联一个标准电流表，可避免系统误差，校正不准电流表常用这种方法。

## （二）电压表半偏法

1. 实验步骤

（1）按图2连接实验电路。

（2）将 $R_2$ 值调为零，闭合 S，调节 $R_1$ 的滑动触头，使电压表读数等于其量程 $U_m$。

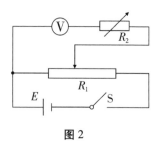

图2

（3）保持 $R_1$ 的滑动触头不动，调节 $R_2$，使电压表读数等于 $\dfrac{U_m}{2}$，然后读出 $R_2$ 的值，若 $R_1 \ll R_V$，则可认为 $R_V=R_2$。

2. 误差分析

当 $R_2$ 的值由零逐渐增大时，$R_2$ 与电压表两端的电压也将逐渐增大，因此电压表读数等于 $\dfrac{U_m}{2}$ 时，$R_2$ 两端的电压将大于 $\dfrac{U_m}{2}$，即 $R_2 > R_V$，从而造成 $R_V$ 的测量值偏大。显然半偏电压法适于测量内阻较大的电压表的电阻。

3. 拓展

本实验也可以用标准电压表并联在 Ⓥ 和 $R_2$ 两端，对 Ⓥ 进行校表。

注意：半偏法是测量电表电阻的常用方法，有时不一定需要使指针半偏，$\dfrac{1}{4}$ 偏、$\dfrac{3}{4}$ 偏等只要成比例就可以求解。

## 六、学以致用

1. （2016·全国 2 卷）某同学利用图 3 所示电路测量量程为 2.5 V 的电压表 Ⓥ 的内阻（内阻为数千欧姆），可供选择的器材有：电阻箱 $R$（最大阻值 99999.9 Ω），滑动变阻器 $R_1$（最大阻值 50 Ω），滑动变阻器 $R_2$（最大阻值 5 kΩ），直流电源 $E$（电动势 3 V），开关 1 个，导线若干。

实验步骤如下：

第一步，按电路原理图 3 连接线路；

第二步，将电阻箱阻值调节为 0，将滑动变阻器的滑片移到与图 3 中最左端所对应的位置，闭合开关 S；

第三步，调节滑动变阻器使电压表满偏；

第四步，保持滑动变阻器的滑片位置不变，调节电阻箱阻值，使电压表的示数为 2.00 V，记下电阻箱的阻值。

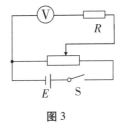

图 3

回答下列问题：

（1）实验中应选择滑动变阻器＿＿＿＿＿＿。（填"$R_1$"或"$R_2$"）

（2）实验步骤"第四步"中记录的电阻箱阻值为 630.0 Ω，若认为调节电阻箱时滑动变阻器上的分压不变，计算可得电压表的内阻为＿＿＿＿＿＿Ω。（结果保留到个位）

（3）如果此电压表是由一个表头和电阻串联构成的，可推断该表头的满刻度电流为（ ）。

　　A. 100 μA　　B. 250 μA　　C. 500 μA　　　　D. 1 mA

**答案：**（1）$R_1$；（2）2520；（3）D。

2. （2013·安徽卷）用如图 4 电路测量电阻阻值。$R_x$ 是待测电阻，$R_0$ 是定值电阻，Ⓒ 是灵敏度很高的电流表，$MN$ 是一段均匀的电阻丝。闭合开关，改变滑动头 $P$ 的位置，当通过电流表 Ⓒ 的电流为零时，测得 $MP = l_1$，$PN = l_2$，

则 $R_x$ 的阻值为(　　)。

A. $\dfrac{l_1}{l_2}R_0$　　　　　　　　　B. $\dfrac{l_1}{l_1+l_2}R_0$

C. $\dfrac{l_2}{l_1}R_0$　　　　　　　　　D. $\dfrac{l_2}{l_1+l_2}R_0$

答案：C。

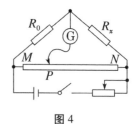

图4

# 实验26　环随"我"动
## ——带电粒子在匀强磁场中的运动

## 一、实验目的

掌握带电粒子在匀强磁场中的运动特点。

## 二、知识准备

运动电荷在匀强磁场中受洛伦兹力 $f=qvB$ 而做圆周运动。

## 三、实验器材

洛伦兹力演示仪、条形磁体、蹄形磁体。

## 四、实验探究：洛伦兹力演示仪演示运动电子在磁场中的偏转

1. 不加磁场时观察电子束径迹。

2. 加磁场且磁场方向与电子束射入方向垂直时，观察电子束径迹。

3. 带电粒子以与磁场方向呈锐角入射磁场中，观察电子束径迹。

4. 电子运动速度与磁场方向垂直，保持出射电子速度不变，改变磁场大小，观察电子束径迹的变化。

5. 电子运动速度与磁场垂直，保持磁场不变，改变出射电子的速度，观察电子束径迹的变化。

6. 在演示仪外随意叠加外磁场，观察电子束运动情况。

图1

实验结论：

1. 以一定速度沿着与磁场垂直方向射入的带电粒子，在匀强磁场中做匀

速圆周运动，洛伦兹力提供向心力，不做功。

2. 带电粒子以与磁场方向成锐角射入磁场，粒子在磁场中将做螺旋运动。

3. 带电粒子以平行磁场方向入射，将做匀速直线运动。

4. 改变磁感应强度大小或带电粒子垂直磁场入射速度大小，粒子做圆周运动半径将改变。

### 五、理论探究：分析带电粒子在匀强磁场中的运动

1. 电子（$m$、$e$确定）以一定的初速度$v_0$垂直磁场方向射入，若磁感应强度为$B$，请在图2中画出轨迹上$A$、$B$、$C$、$D$、$E$各点电子受洛伦兹力的方向，并判断电子在各点速度的大小及运动轨迹。

（1）求电子作匀速圆周运动的半径$R=$？

（2）求电子作匀速圆周运动的周期$T=$？

图 2

2. 带电粒子以平行磁场方向入射，带电粒子为何做直线运动？带电粒子以与磁场方向成锐角入射，为何做螺旋运动？

小结：

1. 洛伦兹力与带电粒子运动方向_____，且不做功。

2. 若带电粒子垂直射入匀强磁场中，将作匀速圆周运动，半径的大小与_____和_____有关，而周期$T$与_____无关。

3. 如果带电粒子速度方向与磁场方向平行，将做（　　）；垂直，将做（　　）；呈锐角，将做（　　　　　）。

### 六、学以致用

1. （2019·全国卷Ⅱ）如图3，边长为$l$的正方形$abcd$内存在匀强磁场，磁感应强度大小为$B$，方向垂直于纸面（$abcd$所在平面）向外。$ab$边中点有一电子发射源$O$，可向磁场内沿垂直于$ab$边的方向发射电子，已知电子的比荷为$k$，则从$a$、$d$两点射出的电子的速度大小分别为（　　）。

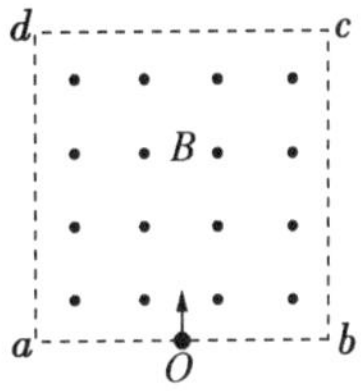

A. $\dfrac{kBl}{4}$，$\dfrac{\sqrt{5}\,kBl}{4}$　　　　B. $\dfrac{kBl}{4}$，$\dfrac{5kBl}{4}$

C. $\dfrac{kBl}{2}$，$\dfrac{\sqrt{5}\,kBl}{4}$　　　　D. $\dfrac{kBl}{2}$，$\dfrac{5kBl}{4}$

图 3

答案：B。

2. （2021·全国乙卷）如图4，圆形区域内有垂直纸面向里的匀强磁场，质量为$m$、电荷量为$q$（$q>0$）的带电粒子从圆周上的$M$点沿直径$MON$方向射

入磁场。若粒子射入磁场时的速度大小为 $v_1$，离开磁场时速度方向偏转 $90°$；若射入磁场时的速度大小为 $v_2$，离开磁场时速度方向偏转 $60°$，不计重力，则 $\dfrac{v_1}{v_2}$ 为（　　）。

A. $\dfrac{1}{2}$

B. $\dfrac{\sqrt{3}}{3}$

C. $\dfrac{\sqrt{3}}{2}$

D. $\sqrt{3}$

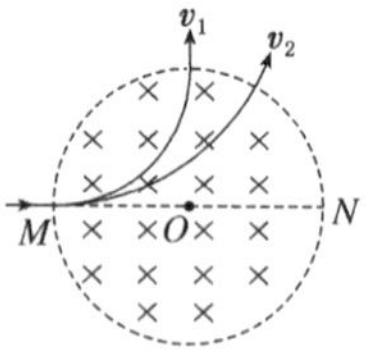

图 4

答案：B。

# 实验 27　认识安培力

## 第①项实验：通电导线因"谁"动

磁场对通电导线有作用力。安培在研究磁场与电流的相互作用方面做出了杰出的贡献，为了纪念他，人们把通电导线在磁场中受到的力称为安培力。

### 一、实验目的

探究安培力的方向及影响因素。

### 二、实验器材

安培力演示仪、平行通电导线作用力演示仪、干电池（2 节）、导线和开关。

### 三、知识平台

电流的磁效应。

### 四、实验探究

在如图 1 的实验中，连好电路，观察通电导线在安培力作用下的摆动情况。

图 1

1. 改变电流的方向，观察发生的现象。

2. 调换磁铁两极的位置改变磁场方向，观察发生的现象。

实验结论：通电导线在磁场中受到安培力作用，判断安培力方向的方法——左手定则。

练习：判断图 2 中通电导线受安培力的方向。

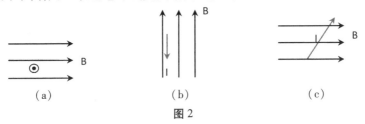

图 2

## 五、学以致用

1. 如图 3 所示，两条平行的通电直导线之间会通过磁场发生相互作用。电流方向相同时，将发生什么？电流方向相反时，将发生什么？用学过的知识加以解释。

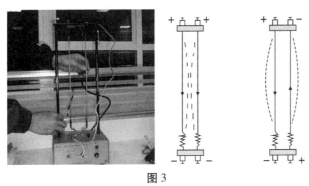

图 3

**答案**：同向电流相互吸引，反向电流相互排斥。

2. 如图 4，导电液体将如何旋转？

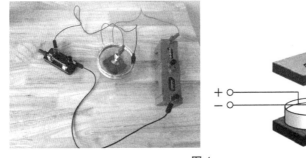

图 4

**答案**：逆时针旋转。

3. (2021·广东高考) 截面为正方形的绝缘弹性长管中心有一固定长直导线，长管外表面固定着对称分布的四根平行长直导线，若中心直导线通入电流 $I_1$，四根平行直导线均通入电流 $I_2$，$I_1 \gg I_2$，电流方向如图 5 所示，下列截面图中可能正确表示通电后长管发生形变的是(　　)。

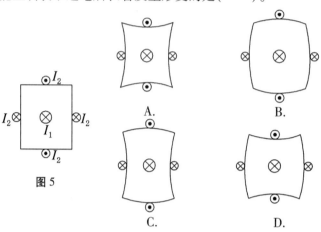

图 5

答案：C。

4. (2019·全国卷 I) 如图 6，等边三角形线框 $LMN$ 由三根相同的导体棒连接而成，固定于匀强磁场中，线框平面与磁感应强度方向垂直，线框顶点 $M$、$N$ 与直流电源两端相接。已知导体棒 $MN$ 受到的安培力大小为 $F$，则线框 $LMN$ 受到的安培力大小为(　　)。

A. $2F$　　　　　　　　B. $1.5F$

C. $0.5F$　　　　　　　D. $0$

答案：B。

图 6

# 第②项实验：电磁阻尼和电磁驱动

## 一、实验目的

掌握电磁感应中两类具体情况——电磁阻尼和电磁驱动。

## 二、知识平台

电磁感应原理。

## 三、实验器材

电磁阻尼摆、电磁驱动仪、电磁阻尼演示器、灵敏电流计（2个）、导线若干。

### 四、实验探究

#### (一) 实验演示 1：如图 1，电磁阻尼摆实验

图 1

实验结论：导体在磁场中运动，导体中会产生感应电流。感应电流会使导体受到安培力，安培力的方向总是阻碍导体的运动，这种现象称为电磁阻尼。

理论分析：_____

_____

#### (二) 实验演示 2：如图 2，电磁阻尼演示器实验

等长的空心铝管和玻璃管竖直等高放置，把两枚磁性很强的小圆柱形永磁体同时分别从两管的上端放入管口，圆柱体直径略小于铝管的内径，观察磁体从两管下端穿出的情况。

图 2

实验结论：对于完整的二管，磁体从空心铝管下端穿出耗时较长。

换用一条有裂缝的铝管再次进行试验，磁体从两管下端穿出耗时几乎一样长。

理论分析：_____

_____

思考与讨论：

1. 如图 3，实验演示并分析电表线圈骨架的作用。

为什么用铝框做线圈骨架？分析电表线圈在偏转过程中是否受到电磁阻尼。

图 3

2. 如图 4，实验演示并分析灵敏电流计的短路保护原理；如何判断电流计内部是否断路？

图 4

3. 如图 5，两个完全一样的灵敏电流计，以导线分别相连正、负接线柱，现将其中一个的指针向左边拨动，另一个的指针将如何偏转？

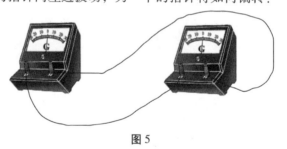

图 5

**（三）实验演示 3：如图 6，电磁驱动演示**

图 6

实验结论：磁场相对线圈转动，在线圈中会产生感应电流，感应电流使线圈受到安培力的作用，安培力使线圈转动起来，这种作用称为电磁驱动。

理论分析：_____

_____

思考与讨论：交流感应电动机工作原理是什么？

## （四）总结：电磁阻尼与电磁驱动比较

表1

| | | 电磁阻尼 | 电磁驱动 |
|---|---|---|---|
| 不同点 | 成因 | 由于导体在磁场中运动而产生感应电流，从而使导体受到安培力 | 由于磁场运动引起磁通量的变化而产生感应电流，从而使导体受到安培力 |
| | 效果 | 安培力的方向与导体运动方向相反，阻碍导体运动 | 导体受安培力的方向与导体运动方向相同，推动导体运动 |
| | 能量转化 | 导体克服安培力做功，其他形式的能转化为电能，最终转化为内能 | 由于电磁感应，磁场能转化为电能，通过安培力做功，电能转化为导体的机械能，而对外做功 |
| 相同点 | | 两者都是电磁感应现象，都遵循楞次定律，都是安培力阻碍引起感应电流的导体与磁场间的相对运动 | |

## 五、学以致用

1.（2021·北京高考）某同学搬运如图7所示的磁电式电流表时，发现表针晃动剧烈且不易停止。按照老师建议，该同学在两接线柱间接一根导线后再次搬运，发现表针晃动明显减弱且能很快停止。下列说法正确的是(　　)。

图7

A. 未接导线时，表针晃动过程中表内线圈不产生感应电动势

B. 未接导线时，表针晃动剧烈是因为表内线圈受到安培力的作用

C. 接上导线后，表针晃动过程中表内线圈不产生感应电动势

D. 接上导线后，表针晃动减弱是因为表内线圈受到安培力的作用

答案：D。

2.（2017·全国1卷）如图8，扫描隧道显微镜（STM）可用来探测样品表面原子尺度上的形貌。为了有效隔离外界振动对STM的扰动，在圆底盘周

边沿其径向对称地安装若干对紫铜薄板，并施加磁场来快速衰减其微小振动。无扰动时，按下列四种方案对紫铜薄板施加恒磁场；出现扰动后，对于紫铜薄板上下及左右振动的衰减最有效的方案是（　　）。

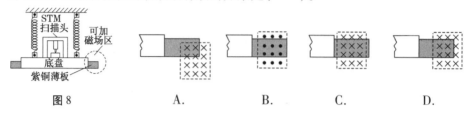

图8　　　A.　　　B.　　　C.　　　D.

答案：A。

# 实验 28　认识感应电流

## 第①项实验：感应电流因"谁"而生

### 一、实验目的

掌握电磁感应中感应电流产生条件。

### 二、实验器材

灵敏电流计、蹄形磁铁、闭合导线框、导线、条形磁铁、螺线管、滑动变阻器、开关、干电池（2节）。

### 三、知识平台

法拉第电磁感应定律。

### 四、实验探究：感应电流产生条件

探究实验1：利用蹄形磁铁的磁场进行实验（图1）

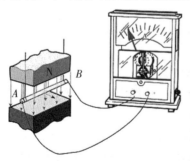

图1

表 1

| 导体棒的运动 | 表针的摆动方向 | 导体棒的运动 | 表针的摆动方向 |
|---|---|---|---|
| 向右平动 | | 向左平动 | |
| 向前平动 | | 向后平动 | |
| 向上平动 | | 向下平动 | |

结论：当闭合电路的一部分导体在磁场中做切割磁感线的运动时，电路中就有了电流。
本质：磁场恒定，闭合导线所围磁场面积改变（$B$ 一定，$S$ 改变）。

探究实验2：利用条形磁铁的磁场进行实验（图2）

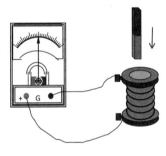

图 2

表 2

| 磁铁的运动 | 表针的摆动方向 | 磁铁的运动 | 表针的摆动方向 |
|---|---|---|---|
| N 极插入线圈 | | S 极插入线圈 | |
| N 极停在线圈中 | | S 极停在线圈中 | |
| N 极从线圈中抽出 | | S 极从线圈中抽出 | |

结论：当磁铁插入（拔出）线圈时，线圈中的导体切割磁感线，线圈回路中有电流。
本质：螺线管面积不变，其中的磁场发生变化（$S$ 一定，$B$ 改变）。

探究实验3：利用通电螺线管的磁场进行实验（图3）

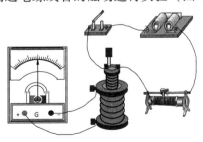

图 3

表3

| 操 作 | 电流表指针如何偏转 | 大螺线管中的磁通量如何变化 | 是否有感应电流 |
|---|---|---|---|
| 开关接通瞬间 | | | |
| 开关接通，滑片 P 不动 | | | |
| 开关接通，滑片 P 移动 | | | |
| 开关断开瞬间 | | | |

结论：螺线管面积不变，在其中的磁场发生变化时，回路中有电流（S 一定，B 改变）。（螺线管磁场本质与条形磁铁磁场类似，类同实验2）

实验结论：穿过闭合导体回路磁通量发生变化，闭合导体回路中就有感应电流。

### 五、理论探究：对前述 3 个实验的数图分析

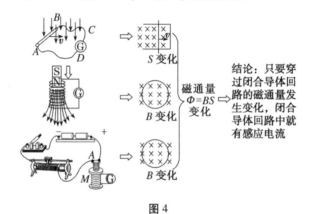

图 4

产生感应电流的两个条件：回路闭合、有 $\Delta\phi$。

### 六、学以致用

1. 演示：如图 5，手摇发电机，观察、思考：为什么有电流？

图 5

2. 思考：如图 6 所示的匀强磁场中有一个矩形闭合导线框，在下列几种情况下，线框中是否产生感应电流？

（1）保持线框平面始终与磁感线垂直，线框在磁场中上下运动［图6（a）］；

（2）保持线框平面始终与磁感线垂直，线框在磁场中左右运动［图6（b）］；

（3）线框绕轴线 $AB$ 转动［图6（c）］。

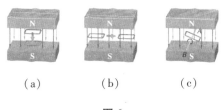

（a）　　　　（b）　　　　（c）

图6

3. 如图7，如果线圈在磁场中，且线圈质量特别大，要产生电磁感应，如何操作更方便？

图7

4.（2020·全国2卷）管道高频焊机可以对由钢板卷成的圆管的接缝实施焊接。焊机的原理如图8所示，圆管通过一个接有高频交流电源的线圈，线圈所产生的交变磁场使圆管中产生交变电流，电流产生的热量使接缝处的材料熔化将其焊接。焊接过程中所利用的电磁学规律的发现者为（　　）。

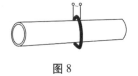

图8

A. 库仑　　　　B. 法拉第　　　　C. 洛伦兹　　　　D. 霍尔

**答案：** B。

# 第②项实验：感应电流方向因"谁"而定

## 一、实验目的

寻找感应电流方向遵循的规律。

## 二、实验器材

导线、开关、电池（1节，用来查明线圈中电流的流向与电流表中指针偏转方向的关系）、灵敏电流计、螺线管、条形磁铁。

## 三、知识平台

电磁感应产生条件（有 $\Delta\phi$）、感应电流产生条件（闭合导体回路、有 $\Delta\phi$）。

## 四、实验探究：确定感应电流的方向

演示实验1：如图1，寻找电流表指针摆向与电流从红、黑接线柱进入的关系。

图1

实验结论：＿＿＿＿＿＿＿＿＿＿＿＿＿＿＿＿＿＿＿＿＿＿＿＿＿＿

＿＿＿＿＿＿＿＿＿＿＿＿＿＿＿＿＿＿＿＿＿＿＿＿＿＿＿＿＿＿

演示实验2：如图2，观察线圈绕向并记录对应的条形磁铁在线圈内的运动情况，填表1。

图2

表 1

| 相对运动情况 | N 极朝下，磁铁插入线圈 | N 极朝下，磁铁从线圈中拔出 | S 极朝下，磁铁插入线圈 | S 极朝下，磁铁从线圈中拔出 |
|---|---|---|---|---|
| 原磁场（下部）方向（条件） | | | | |
| 在线圈中磁通量变化（条件） | | | | |
| 线圈中感应电流方向 | | | | |
| 感应电流在线圈中磁场与磁通量方向 | | | | |
| 原磁场与感应电流磁场方向关系 | | | | |
| 线圈与磁铁间相互作用关系 | | | | |
| 感应电流磁场对相对运动影响 | | | | |

实验结论：感应电流磁场总要阻碍原磁通量的变化，这就是楞次定理。

## 五、学以致用

### 1. 楞次定律四推论的理解

表 2

| 推论 | 图例 |
|---|---|
| （1）"增反减同"——阻碍原磁通量的变化 | 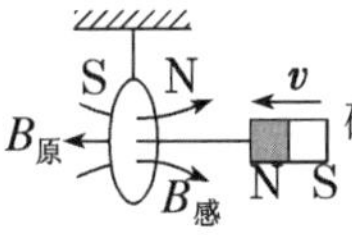 磁铁靠近，$B_{感}$ 与 $B_{原}$ 反向，二者相斥 |
| （2）"来拒去留"——阻碍磁场与回路间的相对运动 | 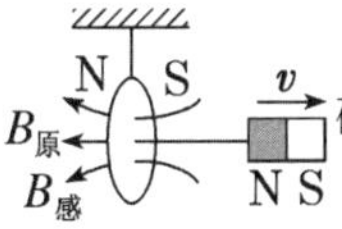 磁铁远离，$B_{感}$ 与 $B_{原}$ 同向，二者相吸 |

续表

| 推论 | 图例 |
|---|---|
| （3）"增缩减扩"——使回路面积有扩大或缩小的趋势 注意：此结论只适用于磁感线单方向穿过回路的情境 | P、Q是光滑固定导轨，a、b是可动金属棒，磁铁下移，面积应减小，a、b靠近 |
|  | B减小，线圈扩张 |
| （4）"增反减同"——阻碍原电流的变化（即自感现象） | 合上S，B灯先亮，A灯后亮 |

2.（2020·全国Ⅲ卷）如图3，水平放置的圆柱形光滑玻璃棒左边绕有一线圈，右边套有一金属圆环。圆环初始时静止。将图中开关 $S$ 由断开状态拨至连接状态，电路接通的瞬间，可观察到（　　）。

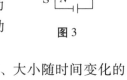

A. 拨至 $M$ 端或 $N$ 端，圆环都向左运动

B. 拨至 $M$ 端或 $N$ 端，圆环都向右运动

C. 拨至 $M$ 端时圆环向左运动，拨至 $N$ 端时向右运动

D. 拨至 $M$ 端时圆环向右运动，拨至 $N$ 端时向左运动

图3

**答案：** B。

3.（2019·全国1卷）空间存在一方向与纸面垂直、大小随时间变化的匀强磁场，其边界如图4（a）中虚线 $MN$ 所示。一硬质细导线的电阻率为 $\rho$、横截面积为 $S$，将该导线做成半径为 $r$ 的圆环固定在纸面内，圆心 $O$ 在 $MN$ 上。$t=0$ 时磁感应强度的方向如图4（a）所示；磁感应强度 $B$ 随时间 $t$ 的变化关系如图4（b）所示。则在 $t=0$ 到 $t=t_1$ 的时间间隔内（　　）。

A. 圆环所受安培力的方向始终不变

B. 圆环中的感应电流始终沿顺时针方向

C. 圆环中的感应电流大小为 $\dfrac{B_0 rS}{4t_0 \rho}$

D. 圆环中的感应电动势大小为 $\dfrac{B_0 \pi r^2}{4t_0}$

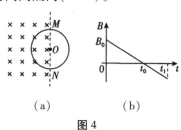

（a）　　（b）

图4

**答案：** BC。

4.（2019·全国3卷）楞次定律是下列哪个定律在电磁感应现象中的具体体现？（　　）

A. 电阻定律　　　　　　　　　B. 库仑定律

C. 欧姆定律　　　　　　　　　D. 能量守恒定律

答案：D。

# 实验 29　电感、电容对交变电流的影响

## 一、实验目的

探究电感、电容对交变电流的影响。

## 二、知识平台

1. 感应电流的磁场总要阻碍引起感应电流的磁通量的变化（亦即：感应电流的磁场总要阻碍原磁通量的变化）。

2. 电容器的构造及对电流的阻碍作用原理。

## 三、实验器材

学生电源、小灯泡（3 个且规格相同）、滑动变阻器（3 个，0～20 Ω）、可变匝数线圈（100 匝、200 匝、300 匝共 3 个，电阻可忽略）、导线（带鳄鱼头）、开关、电容器（$C = 12\mu F$，$U = 15\ V$）。

## 四、实验探究

1. 探究电感对交变电流的影响

（1）把带铁芯的线圈、滑动变阻器、小灯泡如图 1 连接。

（2）连接 6 V 直流电源，调节滑动变阻器滑片至相同位置，目视 3 个灯泡的亮度相同。

（3）仅将电源切换到 6 V 交流电源，比较 3 个灯泡的亮度情况。

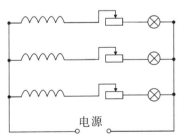

图 1

实验结论：接直流电源时，3 个灯泡亮度相同；接交流电源时，串联线圈

匝数越多的小灯泡越暗。

理论探究：线圈对交变电流具有的阻碍作用称为感抗，表达式为 $X_L = 2\pi fL$，在交流电源相同时，感抗越大，由 $I = \dfrac{E}{2\pi fL}$ 可知，相应线路流过的电流越小，故串联线圈匝数越多的小灯泡越暗。线圈电学特点：通直（流）阻交（流），通低（频）阻高（频）。

在直流电路中，当电压一定时，影响电流强弱的只是纯电阻；在交流电路中，电感器对交变电流也有阻碍作用。如果线圈接入交流电路，即使绕制线圈的电阻可以忽略，线圈仍然对交流有阻碍作用。

2. 探究电容对交变电流的影响

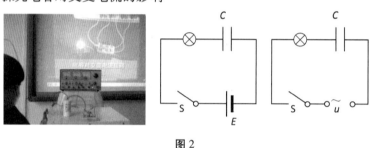

图 2

（1）如图 2，把白炽灯和电容器串联起来，先把它们接到直流电源上，再把它们接到交流电源上，观察两个灯泡发光的情况。

（2）图 2 中，将电容器 $C$ 从电路中取下来，灯泡的亮度如何变化？

（3）若提高交变电压的频率，灯泡亮度如何变化？上述实验现象说明了什么？

实验结论：电容器接直流电源时，灯泡不亮；接交流电源时，灯泡发光。将电容器 $C$ 从直流电路取下来，灯泡发光；将电容器 $C$ 从交流电路取下来，灯泡的亮度更亮。提高交变电压频率，灯泡亮度变亮。

理论探究：交变电流可以通过电容器，同时，电容器对交变电流具有阻碍作用，称为容抗，表达式为 $X_C = \dfrac{1}{2\pi fC}$。如图 3，当电容器接到交流电源的两端时，实际上自由电荷没有通过两极板间的绝缘介质，然而，电容器的瞬时电压在不断变化，当电压升高时，电容器充电，电荷向电容器极板聚集，形成充电电流；当电压降低，电容器放电，电荷从极板退出，形成放电电流。电源加在两极板上电压的大小和正负在不断变化，电容器交替进行充电和放电，电路中就有了电流，表现为交流"通过"了电容器。电容器电学特点：通交（流）阻直（流），通高（频）阻低（频）。

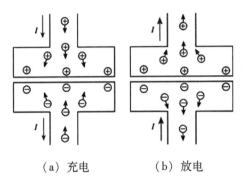

（a）充电　　　　　（b）放电

图 3

## 五、学以致用

1. 实践应用：两种扼流圈的比较。

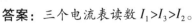

表 1

| 分类 | 匝数 | 直流电阻 | 自感系数 | 应用特点 |
|------|------|----------|----------|----------|
| 低频扼流圈 | | | | |
| 高频扼流圈 | | | | |

2. 实践应用：隔直电容和高频旁路电容的比较。

表 2

| 分类 | 电容参数大小 | 应用特点 |
|------|--------------|----------|
| 隔直电容 | | |
| 高频旁路电容 | | |

3. 如图 4，交流电流表 $A_1$、$A_2$、$A_3$ 分别与电容器、线圈 $L$ 和电阻 $R$ 串联后接在同一个交流电源上，供电电压瞬时值为 $u_1 = U_m \sin \omega_1 t$，三个电流表有相同的读数。现换另一个电源供电，供电电压瞬时值为 $u_2 = U_m \sin \omega_2 t$，$\omega_2 = 2\omega_1$，改换电源后，三个电流表的读数是否相同？

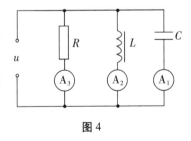

图 4

**答案：**三个电流表读数 $I_1 > I_3 > I_2$。

# 第二编 玩转融合实验

## 实验 30 斜面物体重力分解

### 一、实验目的

帮助学生准确、有效理解斜面上物体的重力分解

### 二、知识平台

根据力的实际效果进行分解

### 三、实验器材

斜面（光滑薄铝板材质）、支架、底座、小车、配重（100 g）、轻弹簧、静力传感器（FS400/2 个），数据采集器、电脑。

### 四、实验探究

1. 如图 1，演示传统实验

（1）物体在轻弹簧作用下静止于斜面上，弹簧被拉伸且斜面发生弯曲，根据受力平衡可知：斜面上物体的重力可以分解为平行斜面方向的分力和垂直斜面方向的分力。

（2）转动底座旋钮，使斜面倾角不断增加，弹簧拉伸更长，斜面弯曲程度减小。可知：在斜面倾角增大过程中，

图1

斜面上物体的重力在平行斜面方向的分力变大，垂直斜面方向的分力减小。

上述结论仅仅是定性的，斜面上物体的重力的两个分力究竟满足什么定量关系，不得而知，为此，我们引入力传感器进行实验。

2. 数字实验与传统实验融合

如图 2，加装两个静力传感器，在 Edislab 软件菜单"实验配置"中"参数采集"设置为"定频率模式"（50 点/s）。为排除小车、斜面的重力对力传

感器带来的影响，在仪器组装好，未放入配重前，通过传感器初始"调0"予以排除。

**图 2**

为了实验的直观，在软件桌面的"数据列表"中新增数据列"$-F_1$、$F_1^2 + F_2^2$"两列。点击"开始"按钮，快速改变斜面倾角，系统自动记录在任意时刻、不同倾角时，仅配重（小车、弹簧、斜面自重已经被传感器"调0"）所受重力在平行斜面方向的分力 $F_1$，垂直斜面方向的分力 $F_2$，自动生成的 $-F_1$、$F_1^2 + F_2^2$ 列；Edislab 软件在电脑桌面"图区"呈现对应图（图 3）。我们发现：

（1）通过数据记录，在实验误差允许的范围内，任意角度时，两个力传感器采集的数据 $F_1^2 + F_2^2$，呈现一个大致稳定的值，几乎和配重的 $G^2$ 相等。故斜面上物体所受重力，依据实际效果可以分解为平行斜面方向的分力和垂直斜面方向的分力，两个分力和物体重力关系满足 $F_1^2 + F_2^2 = G^2$。

（2）快速转动底座旋钮，使斜面倾角在 30°~65° 之间连续变化，参数采集设置为"自动"，采集频率设置为"50 点/s"，点击"开始"，力传感器自动采集参数，同时在右方作图区自动生成图象，电脑呈现出平行斜面方向和垂直斜面方向两个分力随倾角的变化情况以及由数据呈现的规律。故斜面上物体所受重力，依据实际效果可以分解为平行斜面方向的分力和垂直斜面方向的分力，两个分力和物体重力关系满足勾股定理。对图象进行曲线拟合，如图 3：

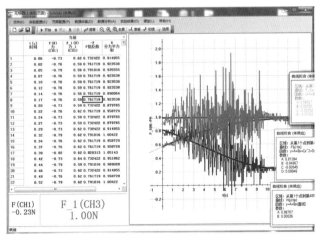

**图 3**

3. 数学分析

基于上述实验结论，沿平行斜面方向和垂直斜面方向建立坐标系，如图4，将重力 $G$ 沿两个坐标轴方向分解为 $G_1$ 和 $G_2$，计算两个分力的大小：

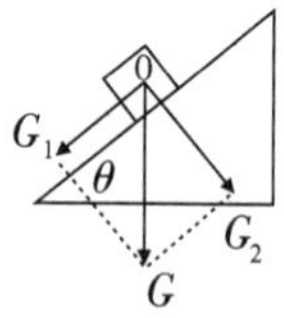

图4

$G_1 = G\sin\theta$ 和 $G_2 = G\cos\theta$。

4. 注意事项与误差分析

（1）不同倾角对应斜面不同，调节倾角时由于各种因素影响，传感器须重新"调0"。仪器足够稳定时，可以忽略。

（2）斜面下方静力传感器探头须在配重正下方并与斜面接触良好。

（3）分力平方和与重力 $G$ 平方微小差别在于斜面下方压力传感器探头未与斜面垂直。

（4）由于"采集参数"中设定为"自动采集（1点/0.02 s）"，故调节旋钮改变斜面倾角时，动作要"快"。

（5）图象中"分力平方和 $F_1^2 + F_2^2$"大致呈一条水平直线，由于在连续调节角度过程中，只在起始位置"调0"，后面的角度无法随时"调0"，这就对实验装置稳定性提出很高要求，这样才能尽可能减小误差。

# 实验 31 牛顿第三定律

作用力和反作用力的大小、方向有什么样的关系？这是一个定量的问题，而定量的问题只靠日常的观察和经验是解决不了的，它需要通过实验测量来回答。

## 一、实验目的

掌握作用力和反作用力之间的关系。

## 二、实验器材

弹簧测力计（规格相同/2个）、静力传感器(FS400/2个)、数据采集器、电脑。

## 三、传统实验探究

问题1：如图1，作用力和反作用力大小有什么关系？

学生提出猜想，设计实验，用两个弹簧测力计进行实验并总结规律。

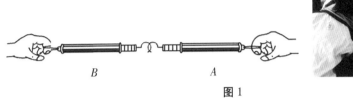

图1

表1

| 实验方案 | 两个弹簧测力计的读数 | 它们受力的方向 |
| --- | --- | --- |
| A 拉 B | | |
| A、B 同时互拉 | | |
| 拉力改变时 | | |

实验结论：两个弹簧测力计互拉，静态时，作用力和反作用力大小相等。

思考：非平衡态时，作用力与反作用力大小、方向有什么关系？

### 四、数字实验探究

问题 2：如图 2，用力传感器探究作用力与反作用力的关系。

图2

　　分别演示：给甲、乙传感器拉力，用不同颜色的曲线表示不同的传感器挂钩受力的大小随时间变化的关系，如图 3，请学生演示两个力传感器在静止状态和运动状态时对拉。

图3

学生分析图4图线：

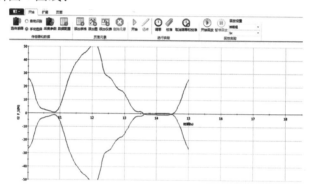

图4

实验结论：作用力与反作用力总是大小相等。

学生从力的大小、方向、作用点三个方面总结作用力和反作用力的关系，概括得出牛顿第三定律：两个物体之间的作用力与反作用力总是大小相等，方向相反，作用在同一条直线上。

## 五、学以致用

1. 如图5，一个容器固定在一辆小车上，在容器中分别悬挂一个铁球和一个乒乓球，容器中铁球和乒乓球都处于静止状态，当容器随小车突然向右运动时，两球的运动情况是（以小车为参考系）（    ）。

A. 铁球向左，乒乓球向右

B. 铁球向右，乒乓球向左

C. 铁球和乒乓球都向左

D. 铁球和乒乓球都向右

答案：C。

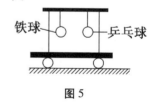

图5

2. 如图6，一盛水的容器固定在一辆小车上，在容器中分别悬挂和拴住一个铁球和一个乒乓球，当容器随小车由静止突然向右运动时，两球的运动情况是（以小车为参考系）（　　　）。

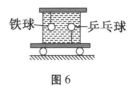

图6

A. 铁球向左，乒乓球向右

B. 铁球向右，乒乓球向左

C. 铁球和乒乓球都向左

D. 铁球和乒乓球都向右

答案：A。

# 实验32　胡克定律

## 一、实验目的

1. 在动手实验中，掌握胡克定律；

2. 在处理实验数据的过程中，让学生知道实验数据处理中的常用方法，学习并熟练使用图象法处理数据；

3. 通过真实准确地记录实验数据，让学生体会科学的精神和态度在科学探究过程中的重要作用。

## 二、实验器材

钩码（5个）、弹簧、铁架台、刻度尺、静力传感器（FS400）2个、数据采集器、电脑。

## 三、实验探究

### （一）传统实验：探究弹力和弹簧伸长的关系

| 装置原理 | 操作要领 | 数据处理 | 误差分析 |
| --- | --- | --- | --- |
| 图① 平衡时弹簧产生的弹力和外力大小相等 | （1）安装：如图①所示，将铁架台放在桌面上固定好，将弹簧的一端固定于铁架台的横杆上，在靠近弹簧处将刻度尺（最小分度为1 mm）固定于铁架台上，并用重垂线检查刻度尺是否竖直 | （1）列表法：将实验数据填入表中，研究测量的数据，可发现在实验误差允许的范围内，弹力与弹簧伸长量的比值不变 | （1）钩码标值不准确、弹簧长度测量不准确以及画图时描点连线不准确等都会引起实验误差（2）悬挂钩码数量过多，导致弹簧的形变量超出了其弹性限度，不再符合胡克定律（$F = kx$），故图②发生弯曲 |

续表

| 装置原理 | 操作要领 | 数据处理 | 误差分析 |
|---|---|---|---|
| | （2）记原长：记下弹簧下端不挂钩码时所对应的刻度 $l_0$，即弹簧的原长<br>（3）测量 $F$、$x$：在弹簧下端挂上钩码，待钩码静止时测出弹簧的长度 $l$，求出弹簧的伸长量 $x$ 和所受的外力 $F$（等于所挂钩码受到的重力）<br>（4）重复：改变所挂钩码的数量，重复实验步骤 3，要尽量多测几组数据，将所测数据填写在表格中 | （2）图象法：根据测量数据，在建好直角坐标系的坐标纸上描点。以弹簧的弹力 $F$ 为纵轴，弹簧的伸长量 $x$ 为横轴，根据描点的情况，作出一条经过原点的直线 | 图②<br><br>图③<br><br>（3）水平放置弹簧测量其原长，由于弹簧有自重，将其悬挂起来后会有一定的伸长量，故图③横轴截距不为 0 |

## （二）数字化实验：探究弹力和弹簧伸长的关系

如图 1，将力传感器与弹簧的挂钩相连，用力传感器把弹簧弹力随形变量变化的信息采集到电脑上，给弹簧施加任意由小到大的力，电脑屏幕上将显示以弹簧弹力为纵轴、弹簧伸长量为横轴的一条过原点的倾斜直线，如图 2。

图 1                                    图 2

可以用公式 $F=kx$ 来表示这种关系，其中 $F$ 是弹簧受到的弹力大小，$x$ 是弹簧的形变量，既可以是弹簧的伸长量，又可以是弹簧的压缩量。

这个公式叫作胡克定律，是英国科学家胡克首先发现的，其中 $k$ 是弹簧的劲度系数，单位是牛每米，符号是 N/m。生活中常说有的弹簧"硬"，有的弹簧"软"，指的就是它们的劲度系数不同。弹簧的劲度系数跟弹簧丝的粗细、材料、弹簧的直径、绕法、长度等因素有关，反映了弹簧的特性。

### 四、思考与练习

表 1 是某同学为"探究弹力和弹簧伸长的关系"所测的几组数据。

表 1

| 弹力 $F$/N | 0.5 | 1.0 | 1.5 | 2.0 | 2.5 |
|---|---|---|---|---|---|
| 弹簧的伸长 $x$/cm | 2.6 | 5.0 | 6.8 | 9.8 | 12.4 |

1. 请你在图 3 中的坐标系上作出 $F–x$ 图象。
2. 写出曲线所代表的函数式。（$x$ 用 m 作单位）
3. 解释函数表达式中常数的物理意义。
4. 若弹簧的原长为 40 cm，并且以弹簧的总长为自变量，请写出它的函数式。

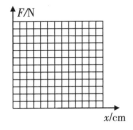

图 3

# 实验 33  电容器充、放电

电流传感器可以像电流表一样测量电流，它与传统的指针式电流表相比，有两个优点：测定电流时反应迅速，可以捕捉到瞬间的电流变化；与计算机相连，能直接在屏幕上呈现电流随时间变化的图象。

### 一、实验器材

J04003–I 学生电源（12.5 V）、单刀双掷开关、小灯泡、滑动变阻器、电解电容器（35 V/1000 μF）、导线（带鳄鱼头）、电流传感器（CS400/±0.6 A/0.002 A/1 个）、数据采集器、电脑（安装 Edislab 软件）。

### 二、实验探究

#### （一）传统实验：电容器的充、放电演示

实验步骤：如图 1，把电容器通过单刀双掷开关与直流电源连接，闭合开关到"1"，此时将对电容器充电。将单刀双掷开关拨向"2"，电容器通过灯泡放电，灯泡将在闪亮后逐渐熄灭。

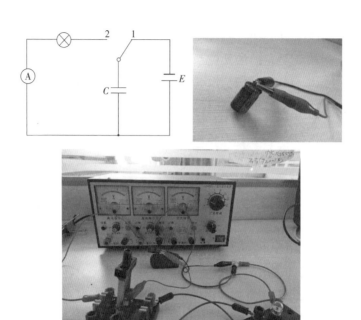

图1

实验结论：直接将电容器与直流电源连接，电源将对电容器充电，电容器带电荷量；将充电后的电容器两极通过灯泡相连，电容器将放电，最终所带电荷量为0。（这只是通过灯泡的亮、暗得出的直观结论，灯泡的亮、暗是由实际功率决定的，在此实验中，由通过灯泡的电流决定。电容器究竟是如何充、放电的，充电过程中电流是线性变化还是非线性变化，我们不得而知。所以，为了清楚地显示电容器充、放电过程中电路电流的变化情况，引入电流数字传感器。）

### （二）传统实验与数字实验融合：用电流传感器探究电容器充、放电

1. 探究电容器充电现象

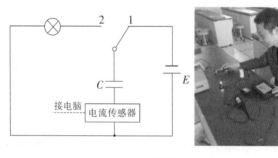

图2

如图 2、图 3，加装电流传感器［在 Edislab 软件菜单"实验配置"中"选择传感器"，选取量程（±0.6 A/0.002 A）］，在"实验配置"中将"参数采集"设置为"定频率记录"（200 点/s/限定时间 5 s）。仪器组装完毕，通过初始"调0"排除其他因素对传感器的影响，点击"开始"按钮，然后拨动单刀双掷开关到"1"给电容器充电（充电直流电压为 12.5 V），同时系统自动记录实时采集的电流数据，Edislab 软件呈现对应的 I-t 图。

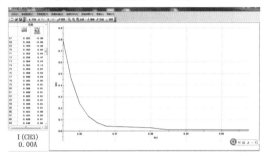

图 3

2. 探究电容器放电现象

如图 4，加装电流传感器［在 Edislab 软件菜单"实验配置"中"选择传感器"，选取量程（±0.6 A/0.002 A）］，在"实验配置"中将"参数采集"设置为"定频率记录"（200 点/s/限定时间 5 s）。仪器组装完毕，通过初始"调0"排除其他因素对传感器的影响，先拨动单刀双掷开关到"1"给电容器充电（充电直流电压为 12.5 V），然后点击"开始"按钮，迅速将单刀双掷开关拨动到"2"，使电容器放电，灯泡闪亮后逐渐熄灭，系统自动记录实时采集的电流数据，Edislab 软件呈现对应的 I-t 图（如图 4）。

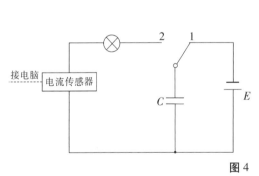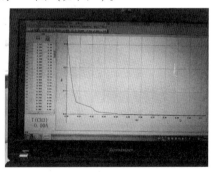

图 4

3. 数—图结合，分析数据和图线

实验结论：在电容器充电、放电的过程中，电容器充、放的电荷形成的电流呈非线性变化，最终电路电流为 0，I-t 图形成的面积表示电荷量。

### 4. 注意事项

（1）进行实验前，电路在断开状态时电流传感器注意"调0"。

（2）实验选择电容器电容应当较大，充电电源电压适当调大，使电容器储存电荷较多，在充、放电过程中现象才会比较明显，方便学生通过"数据—图象"结合，准确、直观地得出实验结论。

## （三）总结：电容器充电、放电特点

### 表1　电容器充电、放电电路图及现象

| 实验电路 | 实验现象 |
|---|---|
| 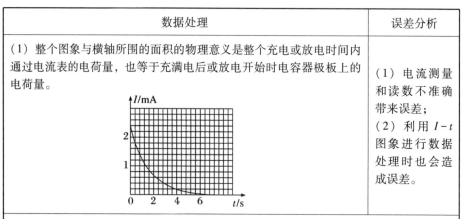 | （1）观察电容器充电现象：充电电流由电源的正极流向电容器的正极板，同时，电流从电容器的负极板流向电源的负极，电流表示数逐渐变小，最后为0。<br>（2）观察电容器的放电现象：放电电流由电容器的正极板经过电流表流向电容器的负极板，放电电流逐渐减小，最后为0。充、放电电流的变化是极短暂的。 |

| 数据处理 | 误差分析 |
|---|---|
| （1）整个图象与横轴所围的面积的物理意义是整个充电或放电时间内通过电流表的电荷量，也等于充满电后或放电开始时电容器极板上的电荷量。<br><br>$I/\mathrm{mA}$ 图象（纵轴 2、1 刻度，横轴 0 2 4 6 $t/\mathrm{s}$） | （1）电流测量和读数不准确带来误差；<br>（2）利用 $I-t$ 图象进行数据处理时也会造成误差。 |
| （2）估算电容器充电或放电过程中电荷量的方法：先算出一个小方格代表的电荷量，然后数出整个图象与横轴所围的面积中的方格数（大于半个的按一个方格计算，小于半个的舍弃）。电容器充电或放电过程中电荷量为一个小方格代表的电荷量乘以方格数。 | |

## 三、学以致用

图5是研究电容器的充、放电实验装置，该实验利用高阻值电阻延长放电时间，绘制电容器放电电流与时间的图象（$I-t$ 图象）来研究电容器的充、

放电规律。根据相关条件，回答下列问题：

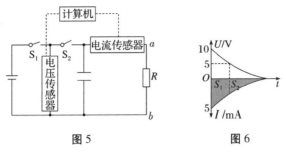

图 5                    图 6

（1）接通开关 $S_1$、$S_2$，电容器的_____（选填"上"或"下"）极板带正电，在断开开关 $S_1$ 的瞬间，$R$ 中的电流方向_____。

（2）若断开开关 $S_1$，同时开始计时，通过计算机在同一图中描绘出的电压和电流的变化情况的图线如图 6 所示，则图中全部阴影部分面积的物理意义是_____。图中阴影部分 $S_1$ 面积_____（选填"大于""等于"或"小于"）图中阴影部分 $S_2$ 面积，定值电阻 $R$ 的阻值为_____$\Omega$。

**答案：**（1）上，从 $a$ 到 $b$；（2）充电后电容器极板上的带电荷量，等于，2000。

# 实验 34　线圈通电、断电自感

## 一、实验器材

J04003-I 学生电源、24037 自感现象演示器、导线（带鳄鱼头）、电流传感器（CS400/±0.6 A/±3 A/1 个）、数据采集器、电脑（安装 Edislab 软件）。

## 二、实验探究

### （一）传统实验：线圈的通电自感和断电自感如何影响灯泡的亮、暗

1. 如图1、图2，在电路中，两个灯泡 $A_1$ 和 $A_2$ 的规格相同，$A_2$ 与可变电阻 $R$ 串联，$A_1$ 与线圈 $L$ 串联，之后一起接到电源上。先闭合开关 S，调节电阻 $R$，使两个灯泡的亮度相同，然后断开 S。重新接通电路，观察在闭合开关时，两个灯泡的发光情况。

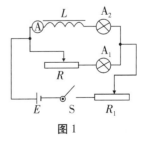

图 1

图 2

2. 在电路中，两个灯泡 $A_1$ 和 $A_2$ 的规格相同，$A_2$ 与可变电阻 $R$ 串联，$A_1$ 与线圈 L 串联，之后一起接到电源上。先闭合开关 S，调节电阻 $R$，使两个灯泡的亮度相同，然后断开 S。重新接通电路，待两个灯泡发光稳定后，观察在断开开关时，两个灯泡的发光情况。

实验结论：在开关闭合时，灯泡 $A_2$ 立即变亮，灯泡 $A_1$ 逐渐变亮。在开关断开时，灯泡 $A_1$ 与 $A_2$ 一起逐渐熄灭。根据楞次定律，接通、断开开关的瞬间，线圈将产生感应电动势，该电动势会阻碍原电流的变化。（这只是从两个灯泡的亮、暗得出的直观结论，灯泡的亮、暗是由实际功率决定的，在此实验中，由通过灯泡的电流决定。流过两个灯泡的电流究竟如何变化，是线性的还是非线性的，我们不得而知。所以，为了清楚地显示线圈自感对电路电流的影响，我们引入电流数字传感器。）

**（二）传统实验与数字实验融合：用电流传感器探究线圈自感在电路通、断时，对电路电流的影响**

1. 探究通电自感现象

如图 3、图 4，加装电流传感器［在 Edislab 软件菜单"实验配置"中选择"传感器"，选取量程/精度（±0.6 A/0.002 A）］，在"实验配置"中将"参数采集"设置为"定频率记录"（1000 点/s/限定时间5 s）。仪器组装完毕，通过初始"调 0"排除其他因素对电流传感器的影响，先点击"开始"按钮，迅速闭合开关，我们看到与变阻器连接的灯泡立即变亮，

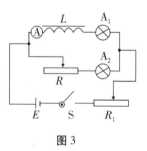

图 3

与线圈连接的灯泡逐渐变亮，系统自动记录任意时刻采集到的电流数据，Edislab 软件呈现对应 $I$–$t$ 图。

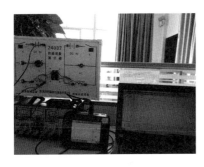
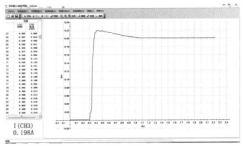

图 4

2. 探究断电自感现象

如图 5、图 6，加装电流传感器［在 Edislab 软件菜单"实验配置"中选择"传感器"，选取量程/精度（±0.6 A/0.002 A）］，在"实验配置"中将"参数采集"设置为"定频率记录"（1000 点/s/限定时间5 s）。仪器组装完毕，通过初始"调 0"排除其他因素对电流传感器的影响，先闭合开关，灯泡正常发

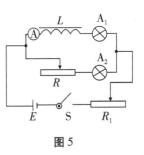

图 5

光，点击"开始"按钮，迅速断开开关，我们看到与线圈连接的灯泡逐渐熄灭，系统自动记录任意时刻采集到的电流数据，Edislab 软件呈现对应 $I-t$ 图。

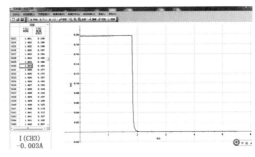

图 6

3. 数—图结合，分析数据和图线

实验结论：在接通、断开开关的瞬间，线圈 $L$ 中产生感应电动势，其阻碍线圈原电流的变化，并且导致流过线圈的电流呈非线性变化。

4. 注意事项

（1）进行实验前，电路在断开状态时电流传感器注意"调 0"。

（2）实验前电源电压引入必须严格遵守实验要求，否则小灯泡容易损坏。

（3）为使实验现象明显，线圈匝数应适当增多，方便学生通过"数据—图象"结合，准确、直观地得出实验结论。

### （三）总结：通电自感和断电自感的比较

表 1　通电自感和断电自感的比较

| | 通电自感 | 断电自感 |
|---|---|---|
| 电路图 | 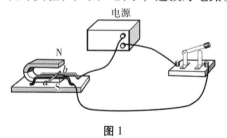 | |
| 器材 | 灯泡 $A_1$、$A_2$ 规格相同，$R=R_L$，$L$ 较大 | $L$ 很大（有铁芯），$R_L < R_A$ |
| 现象 | S 闭合瞬间，$A_2$ 灯立即亮起来，$A_1$ 灯逐渐变亮，最终一样亮 | 开关 S 断开时，灯 A 突然闪亮一下后再渐渐熄灭 |

# 实验 35　通电导线在磁场中受到的力

## 一、实验目的

实验探究通电导线在磁场中受到的安培力与哪些因素有关。

## 二、实验器材

学生电源、蹄形磁体及支架、开关、导线、轻质锡箔杆、电流传感器、静力传感器(FS400/1 个)，数据采集器、电脑。

## 三、实验探究

### （一）传统实验：通电导线在磁场中受到的安培力与哪些因素有关

学生提出猜想，设计实验，如图 1 所示，连接好电路。

图 1

1. 改变电流的方向和大小，观察发生的现象。

2. 调换磁铁两极位置改变磁场方向，观察发生的现象。

实验结论：

1. 在磁场与轻质锡箔杆位置不变时，安培力大小显示可能与电流大小成正比。

2. 安培力方向既跟磁场方向垂直，又跟电流方向垂直。即：安培力方向总是垂直于磁感线和通电导线所在的平面。

### （二）数字实验：通电导线在磁场中受到的安培力与哪些因素有关

实验步骤：

1. 如图 2，连接电路，将电流传感器、力传感器与 Smart 数据采集器连接，将数据采集器与电脑连接，进入苏威尔 DIS 软件，打开实验模板"探究通电导线在磁场中受到安培力"进行实验。

图 2

2. 打开活页夹"电流和力随时间的变化"，点击"开始"，改变滑动变阻器阻值，观察电流和力随时间的变化，采集数据，进入活页夹"力与电流关系"观察。接着，改变电流方向，观察发生的现象。

3. 调换磁铁两极的位置改变磁场方向，观察发生的现象。

实验结论：

1. 在磁场与轻质锡箔杆位置不变时，安培力与电流大小成正比。

2. 安培力的方向既跟磁场方向垂直，又跟电流方向垂直。即：安培力方向垂直于磁感线和通电导线所在的平面。

## 四、学以致用

如图 3 所示，两条平行的通电直导线之间会通过磁场发生相互作用，电流方向相同时，将发生什么？电流方向相反时，将发生什么？

图 3

# 实验36  磁传感器研究通电螺线管中磁场

## 一、实验目的

掌握通电螺线管中磁场的特点。

## 二、实验器材

J4003-I学生电源、导线、磁感应强度传感器［MIS400/（±1 mT/±20 mT）/1个］、螺线管（1个）、Edislab400数字化实验系统、电脑（安装Edislab软件）。

## 三、实验原理

理论计算显示，当通电螺线管具有一定的长径比时，其内部磁感应强度趋向一个恒定值，称为匀强磁场，匀强磁场图线呈现较大范围的"平顶"特征。

## 四、实验探究

1. 如图1，磁传感器研究通电螺线管中磁场

**图1**

实验步骤：

（1）将磁感应强度传感器接入数据采集器。

（2）如图2，打开Edislab400软件，系统自动识别"磁感应强度传感器"，点击"实验配置"下的"采集参数"，设置为"手动记录"。

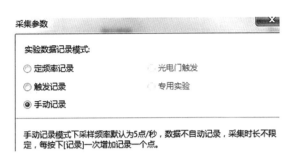

图 2

（3）在左边数据区单击右键，在"增加数据列"中增加"位置 $X$"数据列，在该数据列单击右键，在下拉菜单中选择"生成数据"，在对话框中选择"规则填充"，打开设置框，对 $X$ 数据列进行设置，参数如图 3（开始 0，终止 50，数据递增 2），生成系列数据。

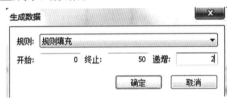

图 3

（4）将磁感应强度传感器测量前端放置到螺线管前约 2 cm 处，点击"调0"（去除环境磁场影响），然后闭合电源开关，点击"开始"，继续点击"记录"，系统将记录此处的磁感应强度。沿螺线管轴线方向缓慢移动磁感应强度传感器，在每个设置的对应位置点击"记点"，系统将自动记录数据，在进行数据记录的同时，"图区"会自动呈现对应的物理图象（如图 4）。

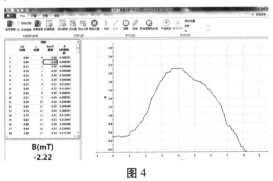

图 4

2. 数—图结合，分析数据和图线

实验结论：观察可知，在螺线管内一段区间图线具有典型平顶特征，故在实验误差允许的范围内，通电螺线管内部存在一定范围的匀强磁场。

3. 注意事项

（1）由于磁感应强度的方向性，磁感应强度传感器探头测出的是磁感应强度沿其轴线的分量。

（2）磁感应强度传感器在使用前要"调0"，去除环境磁场影响。

（3）如果将磁感应强度传感器与电流传感器结合，能画出磁感应强度与电流的关系图。

4. 实验拓展

取不同长径比的螺线管，测量其内部磁场分布。筛选出"平顶"特征较为明显的图线，总结匀强磁场产生条件。

# 实验 37　气体等温变化

## 一、实验目的

验证玻意耳定律。

## 二、实验器材

气体等温变化仪、气体压强传感器［PAS400/（0-700 kPa）/1 个］、注射器（1 个）、Edislab400 数据采集器（多动能手持分析仪）、电脑（安装 Edislab 软件）。

## 三、实验探究

### （一）传统实验：探究气体等温变化规律

| 装置原理 | 操作要领 |
| --- | --- |
| 控制气体质量和温度不变，研究气体压强与体积的关系 | （1）安装器材，设计表格记录数据<br>（2）注射器两端有柱塞和橡胶套，管内密封一段空气柱<br>（3）用手把柱塞向下压，选取几个位置，同时读出刻度尺读数与压强，记录数据，计算出气体体积，也可以直接用刻度尺读数作为空气柱体积<br>（4）以压强 $P$ 为纵坐标，以体积的倒数 $\frac{1}{V}$ 为横坐标，描点作图，确定 $P$ 与 $\frac{1}{V}$ 的关系 |

续表

| 注意事项 | 误差分析 |
| --- | --- |
| （1）适用条件是温度保持不变，所以操作要缓慢，才能保证温度不变<br>（2）要等到示数稳定之后，再去读数<br>（3）研究对象为一定质量的气体，防止漏气 | （1）实验的过程中存在漏气现象会造成误差，在实验的过程中要保证橡胶套的气密性<br>（2）下压柱塞或上拉柱塞过快，会造成气体温度改变，引起实验误差<br>（3）在读压力表和刻度尺示数时都会引起读数误差，因此要多测几次取平均值 |

实验结论：封闭气体体积越小，压强越大，从采集到的数据发现空气柱的压强和体积成反比关系，如图1。

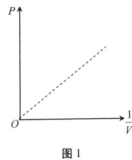

图1

传统实验直观、形象，但只反映离散的点状态，结论是否具有普遍性，我们不得而知。所以，为了实验更准确、迅速，我们引入数字传感器。

**（二）传统实验与数字实验融合：用气体压强传感器和计算机探究气体等温变化规律**

1. 将压强传感器接入数据采集器。

2. 取出注射器，将注射器活塞置于50 ml处（作为封闭气体体积的初始值），并通过软管与压强传感器测口紧密连接。

3.（1）打开Edislab Pro软件，在左边数据区单击右键，在"增加数据列"中增加封闭气体体积V数据列，并且对V数据列进行设置，参数如图2（开始50 ml，终止15 ml，数据递增-2 ml）。

图2

（2）为了数据处理方便，在左边数据区单击右键，在"增加数据列"中增加封闭气体体积 $V$ 的倒数 $\dfrac{1}{V}$ 数据列；继续"增加数据列"$PV$（如图3）。

图3

（3）在 Edislab Pro 软件中，在右边"图区"单击右键，选择"属性"，在"图表选项"中对横坐标进行设置，将时间 $t$ 更换为体积倒数 $\dfrac{1}{V}$（如图4）。

图4

4. 在菜单"实验配置"中的"采集参数"下，设置为"手动记录"（如图5）。

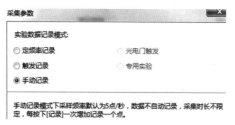

图5

点击"开始"，缓慢压缩封闭气体，在每个设置的对应气体体积处点击"记点"，系统将自动记录数据。在进行数据记录的同时，"图区"会自动呈现对应的物理图象（如图6）。

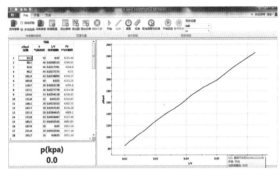

图6

5. 数—图结合，分析数据和图线

实验结论：在实验误差允许范围内，一定质量的某种气体，在温度不变的情况下，压强 $P$ 与体积 $V$ 的乘积 $PV$ 基本为一不变量；压强 $P$ 与体积倒数 $\dfrac{1}{V}$ 成正比关系。

6. 注意事项

（1）传感器外接的塑料软管内部容积约为 1 ml，输入计算机的气体体积应该为"注射器读数+1 ml"。

（2）本实验宜通过学生之间的配合完成，一个操作注射器，一个操作计算机记录数据。

## 四、学以致用

如图 7（a）是一种研究气球的体积和压强的变化规律的装置，将气球、压强传感器和大型注射器用 T 形管连通，初始时认为气球内无空气，注射器内气体体积为 $V_0$，压强为 $p_0$，T 形管与传感器内少量气体体积可忽略不计，缓慢推动注射器，保持温度不变，装置密封良好。

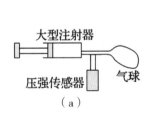
（a）

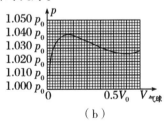
（b）

图7

（1）该装置可用于验证＿＿＿＿＿＿定律。（填写气体实验定律名称）

（2）将注射器内的气体部分推入气球，读出此时注射器内剩余气体的体

积为 $\frac{2}{3}V_0$，压强传感器读数为 $p_1$，则此时气球体积为_____。

（3）继续推动活塞，多次记录注射器内剩余气体的体积及对应的压强，计算对应的气球体积，得到如图7（b）所示的"气球体积和压强"关系图象，根据该图象估算：若初始时注射器内仅有体积为 $0.5V_0$、压强为 $p_0$ 的气体，当气体全部压入气球后，气球内气体的压强将变为_____ $p_0$。（结果保留3位小数）

答案：（1）玻意耳；（2）$\frac{p_0 V_0}{p_1} - \frac{2V_0}{3}$；（3）1.027。

# 实验38　探究平抛运动

## 一、实验目的

会用实验方法描绘平抛物体的运动轨迹、会用数学方法判定平抛物体的运动轨迹是抛物线。

## 二、知识平台

平抛运动规律。

## 三、实验器材

21066型平抛运动实验器、坐标纸、复写纸、刻度尺、重垂线、小钢球。

## 四、实验原理

平抛运动是以速度 $v_0$ 将物体沿水平方向抛出后，物体只在重力作用下，加速度是重力加速度 $g$ 的匀变速曲线运动。根据运动的合成与分解知识，可以将平抛运动看作是两个分运动的合运动：一个分运动是水平方向的匀速直线运动，其速度就是平抛运动初速度 $v_0$；另一个分运动是竖直向下的自由落体运动。用21066型平抛运动实验器获得平抛运动的轨迹曲线，在以抛出点 $O$ 为原点、竖直向下为 $y$ 轴、水平向右为 $x$ 轴的平面直角坐标系中，在水平坐标轴上等间隔依次取点 $A_1$、$A_2$、$A_3$、$A_4$，在曲线上描出对应点 $M_1$、$M_2$、$M_3$、$M_4$，测量其对应的纵坐标，并写出它们对应的坐标值为：$M_1$（　　，　　）、$M_2$（　　，　　）、$M_3$（　　，　　）、$M_4$（　　，　　）。

如果轨迹是抛物线，$y$ 坐标与 $x$ 坐标应该满足 $y=ax^2$ 的形式。将 $M_1$、$M_2$、$M_3$、$M_4$ 的坐标带入 $y=ax^2$ 中，分别求出常量 $a$，如果在实验误差允许的范围内，$a$ 均相同，则可以判断平抛运动的轨迹曲线是抛物线。

## 五、实验探究

1. 如图 1，调节平抛导轨，要求导轨末端水平，即与重垂线垂直（具体做法是将小钢球放在导轨末端，将其向两边各轻轻拨动一次，看其是否有明显的运动倾向）。

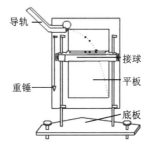

**图 1**

2. 悬吊重垂线，利用重垂线调整平板竖直。

3. 在竖直平板上先铺上白纸，在白纸上铺上复写纸。

4. 确定坐标原点，方法是把小球放在导轨末端处，用铅笔记下小球此时球心所在平板上的水平投影点 $O$，$O$ 即为原点（或者用手指挤压小钢球，在白纸上将有一个点迹，此即为原点 $O$）。

5. 利用重垂线画出过坐标原点的竖直线，作为 $y$ 轴。

6. 使小钢球从导轨某一高处由静止滚下，落在接球槽中，记下小球的位置。

7. 将接球槽逐次下降，使球从导轨上同一位置由静止滚下（以保证每次抛出的水平速度相同，轨迹重合），重复上述操作，即在白纸上获得一系列平抛球运动点迹（取 4~6 点即可）。

8. 取下白纸，过 $O$ 点画出 $y$ 轴的垂线，作为 $x$ 轴，用平滑曲线将记下的各点连接便可画出平抛球的运动轨迹。

9. 将实验中所得轨迹图及有关数据记录，并进行数据分析（如图 2）。

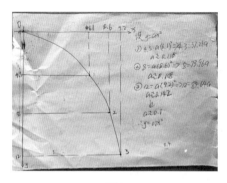

图 2

实验结论：平抛运动的物体只受重力的作用，在水平方向做匀速直线运动，竖直方向做自由落体运动，在实验误差允许的范围内，平抛运动的轨迹为抛物线。

## 六、理论探究

如果物体在水平 $x$ 轴方向做匀速运动，而在竖直向下 $y$ 轴方向做初速度为 0 的匀加速直线运动，即 $v_x = v_0$，$v_y = at$（式中 $v_0$、$a$ 都是常量），写出物体位置随时间变化的方程、物体运动的轨迹方程并大致画出物体的运动轨迹。

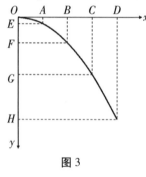

图 3

解析：蜡块位置随时间变化方程：$\begin{cases} x = v_0 t \\ y = \dfrac{1}{2}at^2 \end{cases}$

蜡块运动轨迹方程：$y = \dfrac{1}{2}a\left(\dfrac{x}{v_0}\right)^2 = \left(\dfrac{a}{2v_0^2}\right) \cdot x^2$，

大致轨迹如图 3。

## 七、注意事项

1. 固定斜槽时，必须注意使通过斜槽末端点的切线保持水平，以使小球离开斜槽后做平抛运动。

2. 21066 型平抛运动实验器金属板必须处在竖直面内，与小球运动轨迹所在的竖直平面平行，使小球的运动靠近图纸但不接触。

3. 在斜槽上设定位卡板，使小球每次都从定位卡板所确定的同一位置由静止开始滚下，以保证重复实验时，小球做平抛运动的初速度相等。

4. 应在斜槽上适当的高度处释放小球，使小球能以适当的水平速度抛出，其运动轨迹由图板左上角到右下角，这样可以充分利用坐标纸，减小测量误差。

5. 坐标原点不是槽口的端点，应是小球出槽口时球心在纸上的投影点。

6. 求小球平抛的初速度时，应在平抛轨迹上选取离坐标原点 $O$ 较远的点的坐标数据来进行计算，这样既便于测量又减小了误差。

## 八、误差分析

1. 末端切线不水平。安装斜槽时，其末端切线不水平，造成小球并非做平抛运动，测量的数据不准确。

2. 坐标原点确定不准确。建立直角坐标系时，误以斜槽末端端口位置为坐标原点（应以末端端口的小球球心位置为坐标原点）。

3. $y$ 轴不竖直。描画 $y$ 轴必须过坐标原点平行重垂线竖直向下。

4. 小钢球初始位置不同。小钢球每次从槽上开始滚下的位置不相同，使得平抛初速度不相同。

## 九、仿真实验演示平抛物体运动特点（学生自己设置参数）

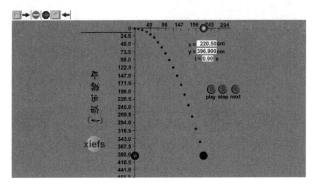

图4

**学生活动：**

学生分析仿真实验现象和图象（如图4），探究实验结论。

结论：平抛运动的物体只受重力的作用，在水平方向做匀速直线运动，竖直方向做自由落体运动。

在仿真实验室里，可以根据自己的设想，对力学实验进行仿真模拟设计，自主调整各种参数，进行各种仿真实验，发现对应的不同物理特点，深化理解，简约、高效地进行实验学习。

# 实验 39　探究静电感应

## 一、传统实验

依据金属原子结构模型，根据电荷间的相互作用特点分析解释教材介绍的实验现象。

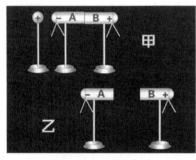

图 1

1. 如图 1，把带正电荷物体 $C$ 移近导体 $A$ 时，$A$、$B$ 中电荷分布将会发生怎样的变化？金属箔又会有什么变化？

2. 上述过程中，若 $A$ 带上了 $10^{-8}C$ 的负电荷。实验过程中，是电子由 $A$ 转移到 $B$ 还是由 $B$ 转移到 $A$？$A$、$B$ 得到或失去的电子数各是多少？

3. 在带正电的物体 $C$ 靠近 $A$ 后，再把 $A$ 和 $B$ 分开，然后移去 $C$，这时 $A$、$B$ 中的电荷分布将发生怎样的变化？金属箔又有什么变化？

4. 最后再将 $A$ 和 $B$ 接触，$A$、$B$ 中的电荷分布又会有怎样的变化？我们会看到什么现象？

结论：

感应起电的规律是：

感应起电的本质是：

由于受到实验器材、天气等原因的影响，上述实验效果将不尽人意，甚至无法进行实验。单纯讲授，学生的接受效果也不佳，此时借助仿真实验很有优势，而且容易操作，效果明显，很多电学实验都是如此。

## 二、仿真实验

操作 1：如图 2、图 3，点击"带电小球"，将之移近导体，观察薄片张开角度。

结论1：靠得越近，则薄片张开角度越大；离得越远，薄片张开角度越小。

图2                                            图3

操作2：如图4、图5，点击"微观过程"，观察微观世界中正电荷和负电荷的移动情况。

图4                                            图5

结论2：薄片张开角度是由于负电荷在导体中转移，使得两端带有异种电荷，并且每一端的两薄片带的同种电荷相互排斥。

操作3：如图6，将两个导体分开，观察薄片张开角度的变化。

结论3：将静电感应后的两导体分开，薄片张开后不会闭合。

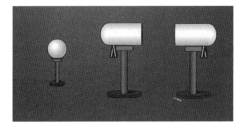

图6

由上述实验可以知道，仿真实验不仅能模拟看得见的实验内容，更可以模拟看不见的微观结构，同时还可以将实验仪器放大，如游标卡尺、螺旋测微器、多用电表等。仿真实验使学生的物理学习直观、具体，教师的教学也更轻松、高效，有效提高了课堂教学效率。

## 实验40　在"仿真物理实验室"进行仿真实验

仿真实验在物理教学中必不可少，不受器材、天气等因素影响，只需借助相关软件便可进行实验。

### 一、在"仿真物理实验室"进行物理实验

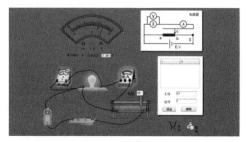

图1

例：如图1，"描绘小灯泡伏安特性曲线"实验中，灯泡选用"2.5 V、0.75 W"，滑动变阻器选用0~10 Ω，电源选用9 V直流电源。滑动变阻器采用分压接法，电流表采用外接法，进行仿真实验并得到小灯泡伏安特性曲线。

在学生进行仿真实验后，思考如下问题并仿真操作。

1. 如果电流表和电压表是理想的，电流表进行内接和外接，测量灯泡电阻有什么不同，原因是什么？

2. 如果电流表内阻设置为10 Ω，电压表内阻设置为1000 Ω，电流表进行内接与外接，测量灯泡的电阻有什么不同，原因是什么？

3. 滑动变阻器总电阻设置为100 Ω，将电源设置为3 V的直流电源，小灯泡的伏安特性曲线有什么特点？

4. 将滑动变阻器按限流式连接，小灯泡的伏安特性曲线有什么特点？

5. 如果电源改为90 V的直流电源，将会产生什么现象？

6. 实验中还可以做哪些变化？

### 二、在"仿真物理实验室"进行短路实验

电路短路不能以实验方式向学生展示，学生没有体验，因而对短路问题的认识处于了解但模糊状态，面临变式问题和真实情境问题就一筹莫展。在"仿真物理实验室"，利用虚拟电学工具进行实验，可以有效学习。

例：如图2，将两个小灯泡（额定电流为1 A）串联在电路中，先合上与

电源串联的开关，观察现象；再合上另一只与灯泡并联的开关，观察现象；最后合上两个分别与灯泡并联的开关，观察实验现象。

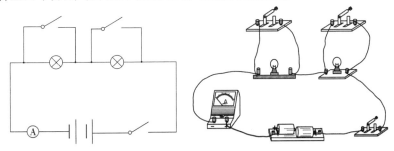

图 2

实验现象：合上与电源串联的开关，两只灯泡发光，电流表显示 0.4 A；再合上与一只灯泡并联的开关，该灯泡熄灭，另一只灯泡的亮度增强，电流表显示 0.8 A；最后合上两个分别与灯泡并联的开关，两只灯泡全熄灭，电流表瞬间显示几乎无穷大。根据实验现象，提出下列问题：

1. 合上与一只灯泡并联的开关，为什么一只灯泡熄灭了而另一只灯泡却变亮了？熄灭灯泡是否被烧毁？

2. 合上与一只灯泡并联的开关，为什么电流表示数变大？保险丝为什么没有被烧断？操作是否安全？

3. 若选择额定电流为 0.7 A 的两只灯泡，合上与一只灯泡并联的开关，又会出现什么问题？

4. 若将两只灯泡并联进行短路研究，会出现什么情况？

5. 几个用电器串联或并联使用，当其中一个用电器短路，会引起哪些后果？

6. 如何有效防止用电器短路？

通过上面的操作和讨论，学生认识到：不论是电源短路还是电器短路，都是不安全的，应当避免，可以通过串联保险丝等防止短路的危害。

### 三、在"仿真物理实验室"进行误差分析

在初中的物理学习中，我们认为伏特表电阻无穷大、安培表电阻无穷小，是理想电表，故实验中不带来误差。在高中的物理学习中，我们知道伏特表、安培表是灵敏电流计串联大电阻、并联小电阻的电表，本身是有电阻的。

如图 3、图 4 是半偏法测量安培表、伏特表内阻的电路图，我们通过仿真实验来体验误差的产生。

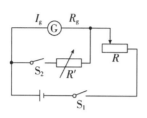 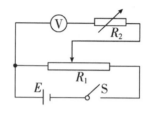

图3　电流表半偏法　　　　　　　　图4　电压表半偏法

### （一）电流表半偏法误差产生

在测电流表内阻时，要求滑动变阻器引入电阻远大于电流表内阻，学生在按要求完成真实实验后，在仿真实验平台操作并思考：

1. 滑动变阻器引入电阻没有远大于电流表内阻，实验结果如何？分析原因。

2. 分析实验误差产生的原因。

### （二）电压表半偏法误差产生

在测电压表内阻时，电阻箱显示的测量值大于伏特表的真实内阻，半偏电压法适于测量内阻较大的电压表的电阻。学生在按要求完成真实实验后，在仿真实验平台操作并思考：

1. 电压表内阻不是很大时，实验结果如何？分析原因。电压表内阻很大时，实验结果如何？分析原因。

2. 分析实验误差产生的原因。

总之，尽可能在真实实验之后，在"仿真实验室"对电学实验进行仿真模拟，并分解任务，给予学生必要指导，使学生通过仿真实验操作，进行各种电路的体验，从而自主进行知识的意义建构。实践表明，采用这种学习方式能充分调动学生学习的积极性、主动性，加深学生的意义建构，有助于学生的实验学习。

# 第三编　玩转高考实验

## 第一节　7 个力学实验

## 实验 41　研究匀变速直线运动（测定加速度 $a = ?$）

### 一、实验目的

1. 练习正确使用打点计时器，学会利用打点的纸带研究物体的运动。

2. 掌握判断物体是否做匀变速直线运动的方法（$\Delta x = aT^2$）。

3. 测定匀变速直线运动的加速度。

### 二、实验器材

电火花打点计时器（或电磁打点计时器）、一端附有滑轮的长木板、小车、纸带、细绳、钩码、刻度尺、导线、电源、复写纸。

### 三、实验原理

1. 匀变速直线运动的判断

（1）若物体在连续相等的时间 $T$ 内的位移之差 $\Delta x$ 为一恒量，即 $\Delta x = aT^2$，则物体做匀变速直线运动。

（2）利用"平均速度法"确定多个点的瞬时速度，作出物体运动的 $v$-$t$ 图象，若图象是一条倾斜的直线，则物体做匀变速直线运动。

2. 由纸带计算某点的瞬时速度

根据匀变速直线运动某段时间内的平均速度等于该段时间中间时刻的瞬时，用速度 $v_n = \dfrac{x_n + x_{n+1}}{2T}$ 计算。

3. 利用纸带求物体加速度的两种方法

（1）逐差法（主要考虑"4 段、5 段、6 段"三种情况）

以连续相邻的 6 段位移 $x_1$、$x_2$、$x_3$、$x_4$、$x_5$、$x_6$ 为例：

根据 $x_4-x_1=x_5-x_2=x_6-x_3=3aT^2$（$T$ 为相邻计数点之间的时间间隔），求出

$a_1=\dfrac{x_4-x_1}{3T^2}$，$a_2=\dfrac{x_5-x_2}{3T^2}$，$a_3=\dfrac{x_6-x_3}{3T^2}$，然后取平均值，

有 $a=\dfrac{a_1+a_2+a_3}{3}=\dfrac{(x_4+x_5+x_6)-(x_1+x_2+x_3)}{9T^2}$，即为物体的加速度。同理：

"4 段"时，$a=\dfrac{(x_3+x_4)-(x_1+x_2)}{4T^2}$；

"5 段"时（舍去中间段），$a=\dfrac{(x_4+x_5)-(x_1+x_2)}{6T^2}$。

（2）图象法

利用 $v_n=\dfrac{x_n+x_{n+1}}{2T}$ 求出打各点时纸带的瞬时速度，然后作出 $v-t$ 图象，用 $v-t$ 图象的斜率求物体运动的加速度。

## 四、实验步骤

1. 仪器安装

 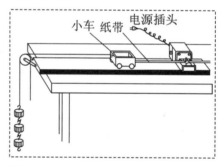

图 1

（1）把一端附有滑轮的长木板放在实验桌上，并使滑轮伸出桌面，把打点计时器固定在长木板上没有滑轮的一端，连接好电路。

（2）把一条细绳拴在小车上，细绳跨过定滑轮，下边挂上合适的钩码，把纸带穿过打点计时器，并把它的一端固定在小车的后面。放手后，观察小车能否在木板上平稳地加速滑行。

2. 测量与记录

（1）把小车停在靠近打点计时器处，先接通电源，后放开小车，让小车拖着纸带运动，打点计时器就在纸带上打下一系列的点，换上新纸带，重复操作三次。

（2）从三条纸带中选择一条比较理想的，舍掉开头一些比较密集的点，从后边便于测量的点开始确定计数点，为了计算方便和减小误差，通常用连续打点五次的时间作为时间单位，即计数点的时间间隔为 $T=0.1$ s。正确使用毫米刻度尺测量每相邻两计数点间的距离，并填入表 1 中。

表 1

| 计数点编号 | 0 | 1 | 2 | 3 | 4 | 5 | 6 |
|---|---|---|---|---|---|---|---|
| 时间 $t$(s) | 0 | 0.1 | 0.2 | 0.3 | 0.4 | 0.5 | 0.6 |
| 各计数点到 0 的距离 $S$(m) | | | | | | | |
| 相邻计数点的距离 $S$(m) | | $S_{01}=$ | $S_{12}=$ | $S_{23}=$ | $S_{34}=$ | $S_{45}=$ | $S_{56}=$ |
| 各计数点速度(m/s) | | $v_1=$ | $v_2=$ | $v_3=$ | $v_4=$ | $v_5=$ | |

（3）利用某一段时间的平均速度等于这段时间中间时刻的瞬时速度求得各计数点的瞬时速度。

（4）增减所挂钩码数，再重复实验两次。

## 五、数据处理

1. 由实验数据得出 $v$-$t$ 图象

（1）根据表格中的 $v$、$t$ 数据，在直角坐标系中仔细描点。

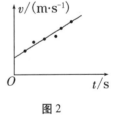

图 2

（2）作一条直线，使同一次实验得到的各点尽量落到这条直线上，落不到直线上的各点应均匀分布在直线的两侧，这条直线就是本次实验的 $v$-$t$ 图线，它是一条倾斜的直线，如图 2 所示。

2. 得出小车运动的速度随时间变化的规律

（1）直接分析图象的特点：小车运动的 $v$-$t$ 图象是一条倾斜的直线，如图 3 所示，当时间增加相同的值 $\Delta t$，速度也增加相同的值 $\Delta v$，由此得出，小车的速度随时间均匀变化。

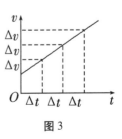

图 3

（2）通过函数关系进一步分析：既然小车的 $v$-$t$ 图象是一条倾斜的直线，那么 $v$ 随 $t$ 变化的函数关系式为

$v=kt+b$，显然 $v$ 与 $t$ 呈线性关系，小车的速度随时间均匀变化。

## 六、误差分析

1. 偶然误差

（1）纸带上计数点间距测量有偶然误差，故要多测几组数据，以尽量减小误差。

（2）作图时描点位置不准导致误差。为此在描点时最好用坐标纸，在纵、横轴上选取合适的单位，用细铅笔认真描点。

2. 系统误差

（1）纸带运动时摩擦不均匀、打点不稳定引起误差，所以安装时纸带、细绳要与长木板平行，同时选择符合要求的交流电源的电压及频率。

（2）木板的粗糙程度并非完全相同，这样测量得到的加速度只能是所测量段的平均加速度，可在木板上铺一层白纸或换用气垫导轨。

## 七、注意事项

1. 平行：纸带、细绳要和木板平行。

2. 两先两后：实验中应先接通电源，后让小车运动；实验完毕应先断开电源，后取纸带。

3. 防止碰撞：在到达长木板末端前应让小车停止运动，可用手挡住防止钩码落地和小车与滑轮相撞。

4. 减小误差：小车的加速度宜适当大些，可以减小长度的测量误差，加速度大小以能在约 50 cm 长的纸带上清楚地取出 6~7 个计数点为宜。

5. 作出速度—时间（$v$-$t$）图象，通过图象的斜率求解物体的加速度。

6. 不需要平衡摩擦力，不要求悬挂钩码质量远小于小车质量这一条件。

## 八、学以致用

1. 在做"研究匀变速直线运动"的实验时，某同学得到一条用打点计时器打下的纸带，如图4，各个计数点已经在纸带上标出，图中每相邻两个计数点间还有4个点没有画出，打点计时器接频率 $f=50$ Hz 的交流电源。

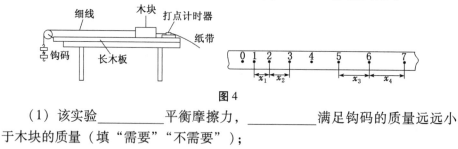

图4

（1）该实验_____平衡摩擦力，_____满足钩码的质量远远小于木块的质量（填"需要""不需要"）；

（2）打下计数点 6 时纸带的速度 $v_6 =$（　　　）（用给定字母表示）；

（3）木块加速度为 $a =$（　　　）（用给定字母表示）；

（4）如果交变电流的频率 $f > 50$ Hz，但当时做实验的同学并不知道，那么测得的加速度值比真实值_____（选填"偏大"或"偏小"）。

**答案：**（1）不需要，不需要；

（2）$\dfrac{(x_3 + x_4)f}{10}$；（3）$\dfrac{(x_3 + x_4 - x_1 - x_2) \cdot f^2}{200}$；（4）偏小。

2. （2022·全国乙卷）用雷达探测一高速飞行器位置。从某时刻（$t = 0$）开始的一段时间内，该飞行器可视为沿直线运动，每隔 1 s 测量一次其位置，坐标为 $x$，结果如表 2 所示：

表 2

| $t/\text{s}$ | 0 | 1 | 2 | 3 | 4 | 5 | 6 |
|---|---|---|---|---|---|---|---|
| $x/\text{m}$ | 0 | 507 | 1094 | 1759 | 2505 | 3329 | 4233 |

回答下列问题：

（1）根据表中数据可判断该飞行器在这段时间内近似做匀加速运动，判断的理由是：_____；

（2）当 $x = 507$ m 时，该飞行器速度的大小 $v =$ _____ m/s；

（3）这段时间内该飞行器加速度的大小 $a =$ _____ m/s$^2$。（保留 2 位有效数字）

**答案：**（1）相邻 1 s 内的位移之差接近 $\Delta x = 80$ m；（2）547；（3）79。

3. （2020·全国 2 卷）一细绳跨过悬挂的定滑轮，两端分别系小球 $A$、$B$，如图 5，实验小组用此装置测量小球 $B$ 的运动加速度，令两小球静止，细绳拉紧，释放小球，测得小球 $B$ 释放时的高度 $h_0 = 0.590$ m，下降一段距离后高度 $h = 0.100$ m；由 $h_0$ 下降至 $h$ 所用时间 $T = 0.730$ s，求得小球 $B$ 的加速度大小 $a =$ _____ m/s$^2$（保留 3 位有效数字）。

从数据知，小球 $A$、$B$ 质量分别为 100.0 g 和 150.0 g，当地 $g = 9.80$ m/s$^2$，根据牛顿第二定律得小球 $B$ 的加速度大小 $a' =$ _____ m/s$^2$（保留 3 位有效数字）。

可以看出，$a'$ 与 $a$ 有明显差异，除实验中的偶然误差外，写出一条可能产生这一结果的原因：_____。

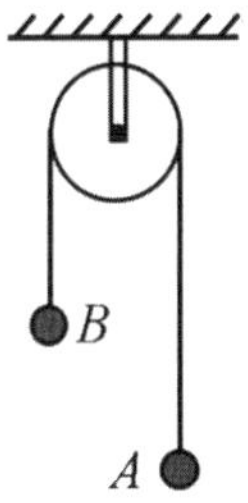

**答案：**1.84，1.96，滑轮轴不光滑（或滑轮有质量）。

图 5

# 实验 42　探究弹力和弹簧形变量的关系

## 一、实验目的

1. 探究弹力和弹簧伸长量的关系；
2. 学会利用图象法处理实验数据，探究物理规律。

## 二、实验原理

1. 如图 1 所示，在弹簧下端悬挂钩码时，弹簧会伸长，平衡时弹簧产生的弹力与所挂钩码的重力大小相等。

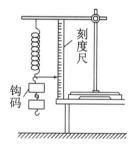

**图 1**

2. 用刻度尺测出弹簧在不同钩码拉力下的伸长量 $x$，建立直角坐标系，以纵坐标表示弹力大小 $F$，以横坐标表示弹簧的伸长量 $x$，在坐标系中描出实验所测得的各组 $(x, F)$ 对应的点，用平滑的曲线连接起来，根据实验所得的图线，可探知弹力大小与弹簧伸长量间的关系。

## 三、实验器材

铁架台、毫米刻度尺、弹簧、钩码（若干）、三角板、铅笔、重垂线、坐标纸。

## 四、实验步骤

1. 根据实验原理图，将铁架台放在桌面上固定好，将弹簧的一端固定于铁架台的横梁上，在靠近弹簧处将刻度尺（最小分度为 1 mm）固定于铁架台上，并用重垂线检查刻度尺是否竖直（如图 2）。

2. 记下弹簧下端不挂钩码时所对应的刻度 $l_0$，即弹簧的原长。

3. 在弹簧下端挂上钩码，待钩码静止时测出弹簧的长度 $l$，求出弹簧伸长量 $x$ 和所受的外力 $F$（等于所挂钩码的重力），其中，$x = l - l_0$。

4. 改变所挂钩码的数量，重复上述实验，要尽量多测几组数据，将所测数据填写在表1中。

表 1

图 2

| 次数 | 1 | 2 | 3 | 4 | 5 | 6 |
|---|---|---|---|---|---|---|
| 弹簧原长/cm | | | | | | |
| 拉力 $F$/N | | | | | | |
| 弹簧总长/cm | | | | | | |
| 弹簧伸长/cm | | | | | | |

## 五、数据处理

1. 以弹力 $F$(大小等于所挂钩码的重力)为纵坐标，以弹簧的伸长量 $x$ 为横坐标，用描点法作图，连接各点得出弹力 $F$ 随弹簧伸长量 $x$ 变化的图线。[按照图中各点的分布与走向，尝试作出一条平滑的曲线（包括直线），所描的点不一定正好都在这条曲线上，但要注意使曲线两侧的点数大致相同]

2. 以弹簧的伸长量为自变量，写出图线所代表的函数表达式，并解释函数表达式中常数的物理意义。

## 六、误差分析

1. 系统误差：钩码标值不准确和弹簧自身重力的影响造成系统误差。

2. 偶然误差

（1）弹簧长度的测量造成偶然误差，为了减小这种误差，要尽量多测几组数据。

（2）作图时的不规范造成偶然误差，为了减小这种误差，画图时要用细铅笔作图，所描各点尽量均匀分布在直线的两侧。

## 七、注意事项

1. 所挂钩码不要过重，以免弹簧被过分拉伸，超出其弹性限度。

2. 每次所挂钩码的质量差适当大一些，从而使坐标点的间距尽可能大，这样作出的图线准确度更高一些。

3. 测弹簧原长时，弹簧应自然下垂；测弹簧长度时，要在弹簧竖直悬挂且处于稳定状态时测量，以免增大误差。

4. 描点画线时，所描的点不一定都落在一条线上，但应注意一定要使不在线上的点均匀分布在线的两侧。

5. 记录实验数据时要注意弹力、弹簧的原长 $l_0$、总长 $l$ 及弹簧伸长量的

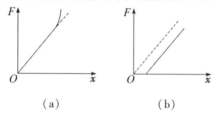

对应关系及单位。

6. 坐标轴的标度要适中。

## 八、学以致用

1. 研究弹力和弹簧形变量关系，分析导致如图 3 两种情况的原因。

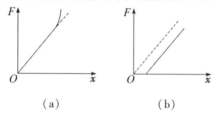

（a）        （b）

图 3

答案：图 3（a）情况是超出弹簧弹性限度；图 3（b）情况是弹簧竖直悬挂时有自重影响。

2.（2021·广东高考）其兴趣小组测量一缓冲装置中弹簧的劲度系数，装置如图 4，固定在斜面上的透明有机玻璃管与水平面夹角为 30°，弹簧固定在玻璃管底端。实验如下：先沿管轴线方向固定毫米刻度尺，再将单个质量 200 g 的钢球（直径略小于玻璃管内径）逐个从管口滑进，每滑进一个钢球，待弹簧静止，记录管内钢球个数 $n$ 和弹簧上端对应刻度尺示数 $L_n$，数据如表 2 所示。实验过程中弹簧始终处于弹性限度内，采用逐差法计算弹簧压缩量，计算其劲度系数。

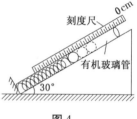

图 4

表 2

| $n$ | 1 | 2 | 3 | 4 | 5 | 6 |
|---|---|---|---|---|---|---|
| $L_n$/cm | 8.04 | 10.03 | 12.05 | 14.07 | 16.11 | 18.09 |

（1）利用 $\Delta L_i = L_{i+3} - L_i (i=1, 2, 3)$ 计算弹簧压缩量：$\Delta L_1 = 6.03$ cm，$\Delta L_2 = 6.08$ cm，$\Delta L_3 = ($    ) cm，压缩量平均值 $\overline{\Delta L} = \dfrac{\Delta L_1 + \Delta L_2 + \Delta L_3}{3} = ($    ) cm；

（2）上述 $\overline{\Delta L}$ 是管中增加_____个钢球时产生的弹簧平均压缩量；

（3）忽略摩擦，重力加速度 $g = 9.8$ m/s$^2$，该弹簧劲度系数为_____ N/m。（结果保留 3 位有效数字）

答案：（1）6.04，6.05；（2）3；（3）48.6。

# 实验 43　验证力的平行四边形定则

## 一、实验目的

1. 验证互成角度的两个共点力合成时的平行四边形定则；
2. 学会用作图法处理实验数据和得出实验结论。

## 二、实验器材

方木板、白纸、弹簧测力计（2 个）、橡皮条、细绳套（2 个）、三角板、刻度尺、图钉、铅笔。

## 三、实验探究

1. 实验原理（如图 1）

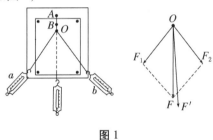

**图 1**

等效思想：使一个力 $F'$ 的作用效果和两个力 $F_1$ 和 $F_2$ 的作用效果相同，都是使同一条一端固定的橡皮条伸长到同一点 $O$，即伸长量相同，所以 $F'$ 为 $F_1$ 和 $F_2$ 的合力，作出力 $F'$ 的图示，再根据平行四边形定则作出力 $F_1$ 和 $F_2$ 的合力 $F$ 的图示，比较 $F$、$F'$ 在实验误差允许的范围内是否大小相等、方向相同。

2. 器材安装

（1）如图 2，按实验原理图所示，用图钉把白纸钉在水平桌面上的方木板上；

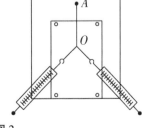

**图 2**

（2）用图钉把橡皮条的一端固定在 $A$ 点，橡皮条的另一端拴上两根细绳套。

3. 测量与记录

（1）用两个相同的弹簧测力计分别钩住细绳套，互成角度地拉橡皮条，使橡皮条与绳的结点伸长到某一位置 $O$，记录两弹簧测力计的读数 $F_1$、$F_2$，用铅笔描下 $O$ 点的位置及此时两细绳的方向；

（2）只用一个弹簧测力计通过细绳套把橡皮条的结点拉到同样的位置 $O$，记下弹簧测力计的读数 $F'$ 和细绳的方向；

（3）改变两弹簧测力计拉力的大小和方向，再重做两次实验。

## 四、数据处理

1. 用铅笔和刻度尺从结点 $O$ 沿两条细绳方向画直线，按选定的标度作出这两个弹簧测力计的拉力 $F_1$ 和 $F_2$ 的图示，并以 $F_1$ 和 $F_2$ 为邻边用刻度尺作平行四边形，过 $O$ 点画平行四边形的对角线，此对角线即为合力 $F$ 的图示。

2. 用刻度尺从 $O$ 点按同样的标度沿记录的方向作出实验步骤中只用一个弹簧测力计的拉力 $F'$ 的图示。

3. 比较 $F$ 与 $F'$ 是否完全重合或几乎完全重合，从而验证平行四边形定则。

## 五、误差分析

1. 操作误差

两个弹簧测力计拉橡皮条时，橡皮条、细绳和弹簧测力计不在同一平面内时，这样得到的两个弹簧测力计的水平分力的实际合力会比由作图法得到的合力小。

2. 读数误差

减小读数误差的方法：弹簧测力计数据在条件允许的情况下，尽量大一些。读数时眼睛一定要平视，要按弹簧测力计读数规则正确地读数和记录。

3. 作图误差

减小作图误差的方法：作图时两力的对边一定要平行，两个分力 $F_1$、$F_2$ 间的夹角越大，用平行四边形作出的合力 $F$ 的误差 $\Delta F$ 就越大，所以实验中不要把 $F_1$、$F_2$ 间的夹角取得太大。

## 六、注意事项

1. 位置不变

不要直接以橡皮条的端点为结点，可拴一短细绳连接两个细绳套，以三绳交点为结点，且应使结点小些，以便准确地记录结点的位置 $O$。

2. 角度合适

用两个弹簧测力计钩住细绳套互成角度地拉橡皮条时，其夹角不宜太小，也不宜太大，以60°～120°为宜。

3. 尽量减少误差

（1）在合力不超出弹簧测力计量程及在橡皮条弹性限度内，形变应尽量大一些；

（2）细绳套应当长一些，便于确定力的方向。

4. 统一标度

在同一次实验中，画力的图示选定的标度要相同，并且要恰当选定标度，使力的图示稍大一些。

## 七、学以致用

1. 在验证力的平行四边形定则实验中，实验小组没有找到橡皮筋，找到了两盒质量为50 g的钩码、一个测力计、一张白纸、一个方木板、三个小定滑轮和三根轻质尼龙线。在方木板上固定白纸，方木板边缘上互成角度固定三个小定滑轮，如图3（a），将三根尼龙线一端系在一起，另一端分别绕过三个小定滑轮，并在两根尼龙线下端挂上钩码，另一根尼龙线下端挂上测力计。

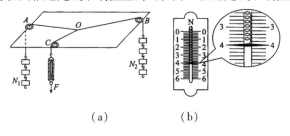

（a）　　　　　（b）

**图3**

（1）下列说法正确的是（　　　）。

A. 需要记录钩码个数 $N_1$、$N_2$ 和测力计的示数 $F$

B. $OA$、$OB$ 间夹角必须成钝角

C. 结点 $O$ 可以不固定，作力的图示时，适当减小一定长度线段对应的力的大小，可以减小实验误差

D. 方木板一定要水平放置

（2）某次实验中测力计的示数如图3（b），此时对应拉力_____N。取单位长度线段表示一定大小的力，以所挂钩码对应的力为邻边作平行四边形，若在实验误差允许范围内，平行四边形对角线长度与测力计示数对应长度大致相等，且平行四边形对角线与_____大致在一条直线上，则力的平行四边形定则可得到验证。

答案：（1）AC；（2）4.0，*OC*。

2.（2017·全国卷Ⅲ）某探究小组做"验证力的平行四边形定则"实验，将画有坐标轴（横轴为 *x* 轴，纵轴为 *y* 轴，最小刻度表示 1 mm）的纸贴在桌面上，如图 4（a）。将橡皮筋一端 *Q* 固定在 *y* 轴上 *B* 点（位于图示部分之外），另一端 *P* 位于 *y* 轴上 *A* 点时，橡皮筋处于原长。

（1）用一测力计将橡皮筋 *P* 端沿 *y* 轴从 *A* 点拉至坐标原点 *O*。测力计示数如图 4（b），*F* 大小为_____N。

（2）撤去（1）中拉力，橡皮筋 *P* 端回到 *A* 点，使用两个测力计同时拉橡皮筋，再将 *P* 端拉至 *O* 点，观察到两个拉力分别沿图 4（a）中两条虚线所示，测力计读出两个拉力大小分别为 $F_1 = 4.2$ N 和 $F_2 = 5.6$ N。

①用 5 mm 长度线段表示 1 N 力，以 *O* 点为作用点，在图 4（a）中画出 $F_1$、$F_2$ 的图示，然后按平行四边形定则画出合力 $F_合$；

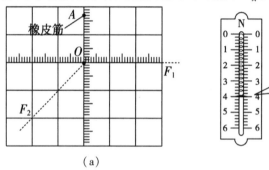

（a）　　　　　　　　　　（b）

图 4

②$F_合$ 大小为_____N，$F_合$ 与拉力 *F* 夹角正切值为_____。

若 $F_合$ 与拉力 *F* 的大小及方向的偏差均在误差允许范围内，则实验验证了力的平行四边形定则。

答案：（1）4.0；

（2）①作图，$F_2$ 长度为 28 mm，$F_1$ 长度为 21 mm，平行四边形如图 5，量出合力长度约为 20 mm，大小代表 4.0 N，量出合力箭头处到 *y* 轴距离和所作合力在 *y* 轴上投影长度，其比值就是 $F_合$ 与拉力 *F* 的夹角的正切值。

②4.0，0.05。

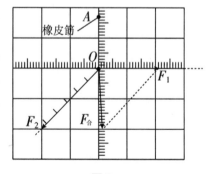

图 5

# 实验 44　探究加速度与力、质量的关系

## 一、实验目的

1. 学会用控制变量法研究物理规律，学会近似代替的思想方法；
2. 探究加速度与力、质量的关系；
3. 掌握利用图象处理数据的方法。

## 二、实验器材

小车、砝码、小盘、细绳、附有定滑轮的长木板、垫木、电磁打点计时器、低压交流电源、导线、纸带、复写纸、托盘天平、米尺。

## 三、实验探究

1. 实验原理（如图 1）

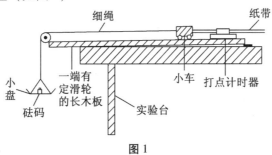

图 1

采取控制变量法，即先控制一个参量——小车的质量 $M_0$ 不变，探究加速度 $a$ 与力 $F$ 的关系；再控制小盘和砝码的质量不变，即力不变，探究加速度 $a$ 与小车质量 $M_0$ 的关系。

2. 称量质量

如图 2（a），用天平测小盘的质量 $m_0$ 和小车的质量 $M_0$。

3. 安装器材

如图 2（b），按照图 1 所示的装置把实验器材安装好，只是不把悬挂小盘的细绳系在小车上（即小车无牵引力）。

<table>
<tr><td>（a）</td><td>（b）</td></tr>
</table>

图 2

4. 平衡摩擦力

在长木板不带定滑轮的一端下面垫上一块垫木，反复移动垫木的位置，直至小车在不挂小盘和砝码的情况下能沿木板做匀速直线运动为止。（平衡摩擦之后，开展实验，无须再次平衡小车受的摩擦。由 $mg\sin\theta = \mu mg\cos\theta$，得 $g\sin\theta = \mu g\cos\theta$，可知与小车质量无关。）

5. 测量加速度（令砝码和小盘总质量 $m$，砝码和小车总质量 $M$）

（1）保持小车的质量不变且 $m \ll M$

把小车靠近打点计时器，挂上小盘和砝码，先接通电源，再让小车拖着纸带在木板上匀加速下滑，打出一条纸带。计算小盘和砝码的重力，即为小车所受的合力，由纸带计算出小车的加速度，并把力和对应的加速度填入表 1 中。改变小盘内砝码的个数，多做几次。

表 1　质量一定时，探究加速度与力的关系

[小车质量 $M_0 = ($　　$)$ kg]

| 纸带编号 | 砝码和小盘总质量 $m$/kg | 拉力 $F$/N | 加速度 $a$/m·s$^{-2}$ |
|---|---|---|---|
| 1 | | | |
| 2 | | | |
| 3 | | | |
| 4 | | | |
| 5 | | | |

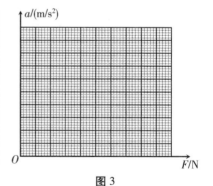

图 3

在图 3 中作出 $a\text{-}F$ 图象。

结论：在实验误差允许范围内，小车质量不变时，$a \propto F$。

（2）保持小盘内的砝码个数不变

在小车上放上砝码改变小车的质量，让小车在木板上运动打出纸带，计算小车及其上砝码的总质量 $M$，由纸带计算小车对应的加速度，将所对应的质量和加速度填入表2中。改变小车上砝码的个数，多做几次。

表2　力一定时，探究加速度与质量的关系〔砝码和小盘总质量 $m=$（　　）kg〕

| 纸带编号 | 小车质量（kg） | 砝码质量（kg） | 小车总质量 $M$/kg | 小车总质量的倒数 $\frac{1}{M}$/kg | 加速度 m/s² |
|---|---|---|---|---|---|
| 1 | | | | | |
| 2 | | | | | |
| 3 | | | | | |
| 4 | | | | | |
| 5 | | | | | |

在图4中作出 $a$-$M$ 图象，判断它是不是一条过原点的直线；如果不是，试着在图5中作出 $a$-$\frac{1}{M}$ 图象。

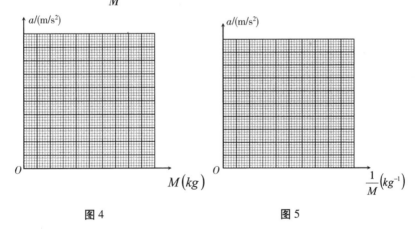

图4　　　　　　　　图5

结论：在实验误差允许范围内，小车受外力恒定时，有 $a \propto \frac{1}{M}$。

### 四、误差分析

图6

1. 因实验原理不完善引起的系统误差

以小车、小盘和砝码整体为研究对象得：$a = \dfrac{mg}{(m+M)}$，

分析细绳拉小车的拉力得：$T = Ma = M \cdot \dfrac{mg}{(m+M)} = \dfrac{mg}{\left(1 + \dfrac{m}{M}\right)}$。

当 $m \ll M$ 时，可近似认为小车所受拉力 $T \approx mg$，本实验存在系统误差。

2. 摩擦力平衡不准确造成的误差

在平衡摩擦力时，除了不挂小盘外，其他的均与实验规范操作一致（比如要挂好纸带、接通打点计时器等），小车匀速运动的标志是打点计时器打出的纸带上各相邻两点间的距离相等。

3. 质量的测量、打点计时器打点时间间隔不等、纸带上各点距离的测量、细绳或纸带不与木板平行等都会引起误差

### 五、注意事项

1. 平衡摩擦力

平衡摩擦力时，不要把悬挂小盘的细绳系在小车上，即不要给小车加任何牵引力，并要让小车拖着纸带匀速运动。平衡摩擦力后，不论实验中是改变小盘和砝码的总质量还是改变小车和砝码总质量，都不需要重新平衡摩擦力，同时，安装器材时，调整滑轮高度，使拴小车的细绳与斜面平行，且连接小车和盘应在平衡摩擦力之后。

2. 实验条件（$m \ll M$）

在做小车质量一定，探究加速度与力的关系实验时，每条纸带都必须在满足小车和其上砝码的质量 $M$ 远大于小盘和其上砝码的总质量 $m$ 的条件下打

出（小盘的总质量小于小车和车上砝码总质量的10%），只有如此，小盘和砝码的总重力才可视为小车受到的拉力。

3. 一先一后一按住

改变拉力和小车质量后，每次开始时小车应尽量靠近打点计时器，并应先接通电源，再放开小车，且在小车到达定滑轮前按住小车。

4. 作图

作图时，两坐标轴的比例适当，使尽可能多的点落在所作直线上，不在直线上的点应尽可能对称分布在所作直线两侧。在探究 $F$ 不变，$a$ 与 $M$ 关系时应画 $a-\dfrac{1}{M}$ 关系图象；在探究 $M$ 不变，$a$ 与 $F$ 关系时，图象斜率表示小车质量的倒数。

5. 如果用气垫导轨替换长木板，则不需要平衡摩擦力；如果牵引小车的细绳加装力传感器，则不需要满足 $m \ll M$ 的条件。

## 六、学以致用

1. 为什么要平衡摩擦？（对课文标题"探究加速度与力、质量的关系"的思考）

**解析：** 实验中，变量越少越好，如果在水平桌面上进行实验，合外力由细绳拉力 $F_1$ 与摩擦力 $f$ 提供，为减少变量，故思考通过适当倾斜木板，让小车自身重力沿木板方向的分力平衡摩擦力 $f$，从而消除摩擦力 $f$ 的影响。（平衡摩擦）

2. 做"探究加速度与力、质量的关系"实验时，图7（a）是教材中实验方案，图7（b）是拓展方案，其操作步骤如下：

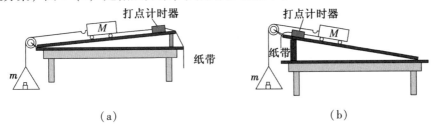

（a）　　　　　　　　　　　（b）

图7

（1）挂上托盘和砝码，改变木板的倾角，使质量为 $M$ 的小车拖着纸带沿木板匀速下滑；

（2）取下托盘和砝码，测出其总质量为 $m$，让小车沿木板下滑，测出加速度 $a$；

（3）改变砝码质量和木板倾角，多次测量，通过作图可得到 $a-F$ 关系。

需要满足条件 $M \gg m$ 的方案是_____；在作 $a$-$F$ 图象时，把 $mg$ 作为 $F$ 值的是_____。

**答案：** 甲，甲和乙。

3. 某同学采用如图 8 所示的装置来验证拉力一定时，物体加速度与质量成反比。左右等高的水平桌面上都有一端带滑轮的长木板，木板上都固定有打点计时器，质量分别为 $m_1$ 和 $m_2$ 的两个小滑块通过一条细线绕过各自长木板上的定滑轮相连，动滑轮下吊有沙桶，调整装置使 $m_1$ 和 $m_2$ 在同一竖直平面内，并使细线与长木板平行，两个小滑块都与穿过打点计时器限位孔的纸带相连。

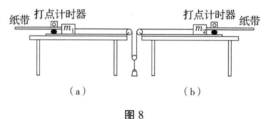

（a）　　　　　　　（b）

**图 8**

（1）关于本次实验，下列说法正确的是_____。

A. 实验前平衡摩擦力需要去掉细线及动滑轮，分别垫高长木板一端

B. 实验前平衡摩擦力不需要去掉细线及动滑轮，分别垫高长木板一端

C. 实验中需要满足沙和沙桶的总质量远小于滑块质量

D. 实验中不需要满足沙和沙桶的总质量远小于滑块质量

（2）连接细线，调整沙桶中沙子的质量，接通两个打点计时器的电源，然后从静止释放沙桶，同时得到对应的两条纸带，纸带上相邻两个计数点间还有 4 个点未画出，实验时使用的交流电的频率为 50 Hz，其中图 8（b）中的纸带如图 9 所示，

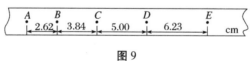

| $A$ | $B$ | $C$ | $D$ | $E$ |
| 2.62 | 3.84 | 5.00 | 6.23 | cm |

**图 9**

通过纸带计算加速度 $a_2 =$ _____ m/s² （保留 3 位有效数字）。

（3）由于图 8（a）中的计时器墨粉盘使用时间过长，纸带上未能打出清晰点迹，无法直接求得加速度 $a_1$。现已知两小车质量分别为 $m_1 = 200$ g、$m_2 = 300$ g，若结论成立，可知 $a_1 =$ _____ m/s² （保留 3 位有效数字）。

**答案：**（1）AD；（2）1.19；（3）1.79。

# 实验 45 探究功与速度变化的关系

## 一、实验目的

1. 通过实验探究外力做功与物体速度变化的关系；
2. 通过实验数据分析，总结出外力做功与物体速度平方的正比关系。

## 二、实验器材

小车（前面带小钩）、长木板（两侧适当的对称位置钉两个铁钉）、打点计时器及纸带、学生电源及导线（若使用电火花计时器则不用学生电源）、5~6条等规格橡皮筋、毫米刻度尺。

## 三、实验探究

1. 实验原理

（1）改变功的大小：采用如图 1 所示的实验装置，分别用 1 条、2 条、3 条……规格同样的橡皮筋将小车拉到同一位置由静止释放，橡皮筋拉力对小车所做的功依次为 W、2 W、3 W……

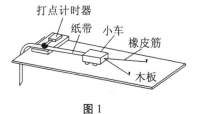

图 1

（2）确定速度的大小：小车获得的速度 $v$ 可以由纸带和打点计时器测出。

（3）寻找功与速度变化的关系：以橡皮筋拉力所做的功 $W$ 为纵坐标，小车获得的速度 $v$ 为横坐标，作出 $W$-$v$ 或 $W$-$v^2$ 图象。分析图象，得出橡皮筋拉力对小车所做的功与小车获得的速度的定量关系。

2. 仪器安装

（1）按原理图将仪器安装好（如图 2）。

图 2

（2）平衡摩擦力：在长木板的打点计时器一端下面垫一块木块，反复移动木块的位置，直到轻推小车，纸带打出的点间距均匀，即小车能匀速运动。

3. 测量与记录

（1）用 1 条橡皮筋做实验，用打点计时器和纸带测出小车获得的速度 $v_1$，设此时橡皮筋对小车做的功为 $W$，将这一组数据记入表 1；

（2）用 2 条橡皮筋做实验，实验中橡皮筋拉伸的长度与第一次相同，这时橡皮筋对小车做的功为 $2W$，测出小车获得的速度 $v_2$，将数据记入表 1；

（3）用 3 条、4 条……橡皮筋做实验，用同样的方法测出功和速度，记入表 1。

表 1

| 次数 | 皮筋做功 | $v$ （m/s） |
|---|---|---|
| 0 | 0 | 0.00 |
| 1 | W | |
| 2 | 2 W | |
| 3 | 3 W | |
| 4 | 4 W | |
| 5 | 5 W | |

## 四、数据处理

1. 求小车速度

实验获得如图 3 所示的纸带，利用纸带上点迹均匀的一段测出某两点间的距离，如纸带上 $A$、$C$ 两点间的距离 $x$，则 $v = \dfrac{x}{2T}$（其中 $T$ 为打点周期）。

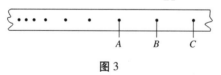

图 3

2. 计算 $W$、$2W$、$3W$……时对应 $v$、$v^2$ 的数值，填入表 2。

表 2

| | W | 2 W | 3 W | 4 W | 5 W |
|---|---|---|---|---|---|
| $v$ | | | | | |
| $v^2$ | | | | | |

3. 作图象

在如图 4 的坐标纸上分别作出 $W-v$ 和 $W-v^2$ 图线，找出功与速度变化的关系。

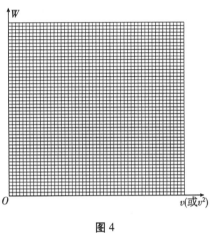

**图 4**

4. 得结论

从图象分析出合外力对物体做功与物体速度变化的关系为 $W \propto v^2$。

## 五、误差分析

表 3

| 产生原因 | 减小方法 |
| --- | --- |
| 橡皮筋的长度、粗细不同 | 选择规格相同的橡皮筋 |
| 平衡摩擦力不足或过度 | 平衡摩擦力适当 |
| 小车速度的测量误差 | 多次测量 $x$，求平均值 |

## 六、注意事项

1. 平衡摩擦力时，将木板一端垫高，使小车重力沿斜面向下的分力与摩擦力平衡。方法是轻推小车，由打点计时器打在纸带上的点的均匀程度判断小车是否做匀速运动，找到一个合适的倾角；

2. 测小车速度时，纸带上的点应选均匀部分的，即选小车做匀速运动的部分；

3. 橡皮筋应选规格一样的。力对小车做的功以一条橡皮筋做的功为单位即可，不必计算出具体数值；

4. 小车质量应大一些，使纸带上打的点多一些。

## 七、学以致用

1. 为什么要平衡摩擦？（对课文标题"功与物体速度变化的关系"的思考）

**解析：**（1）根据 $a=\dfrac{F}{m}$ 知道：$F$ 为合外力；根据 $v=v_0+at$ 知道：在给定 $v_0$ 与 $t$ 时，$v$ 由加速度 $a$ 决定，所以，标题中的功是合外力的功。

（2）实验中，变量越少越好，本次实验中，合外力由皮筋弹力 $F_1$ 与摩擦力 $f$ 决定，弹力 $F_1$ 随形变改变，摩擦力 $f$ 不变，导致合外力改变，故思考如何排除摩擦力 $f$ 的影响。（平衡摩擦）

2. 验证动能定理的实验装置如图 5（a）所示，步骤如下：

（a）　　　　　　　　　　　　（b）

图 5

a. 易拉罐内盛上适量细砂，用轻绳通过滑轮连接在小车上，小车连接纸带。合理调整木板倾角，让小车沿木板匀速下滑；

b. 取下轻绳和易拉罐，测出易拉罐和细砂的质量 $m$ 及小车质量 $M$；

c. 取下轻绳和易拉罐后，换一条纸带，让小车由静止释放，打出的纸带如图 5（b）所示（中间部分未画出），$O$ 为打下的第一个点。已知打点计时器的打点频率为 $f$，重力加速度为 $g$。

（1）步骤 $c$ 中小车所受的合力为_____。

（2）为验证从 $O\to C$ 过程中小车所受合力做功与小车动能变化的关系，测出 $B$、$D$ 间的距离为 $x_0$，$O$、$C$ 间的距离为 $x_1$，则 $C$ 点的速度为_____。需要验证的关系式为_____（用所测物理量的符号表示）。

**答案：**（1）$mg$；（2）$\dfrac{x_0 f}{2}$，$mgx_1=\dfrac{Mx_0^2 f^2}{8}$。

3. 小车放在水平木板上，在橡皮筋的弹力作用下运动时，分析各力对小车的做功情况。纸带上的点会是什么样？平衡摩擦之后，该实验纸带上的点又是什么样的？纸带上的点距并不都是均匀的，应该选用哪些点距来确定小车的速度？

**答案：**小车放在水平木板上在橡皮筋的弹力作用下运动时，弹力做正功，摩擦力做负功，纸带上的点距先逐渐增大，再逐渐减小。

平衡摩擦后，纸带上的点距先逐渐增大，再均匀分布，最后逐渐减小，应该选用均匀分布的点。

4.（2020·全国卷Ⅲ）利用图 6（a）装置验证动能定理。调整木板倾角平衡摩擦阻力后，挂上钩码，钩码下落，带动小车运动并打出纸带。某次实验得到纸带及相关数据如图 6（b）。已知图 6（b）中相邻两点时间间隔 0.02 s，从图 6（b）给出数据可以得到，打出 $B$ 点时小车速度大小 $v_B =$ _____ m/s，打出 $P$ 点时小车速度大小 $v_P =$ _____ m/s。（结果保留 2 位小数）

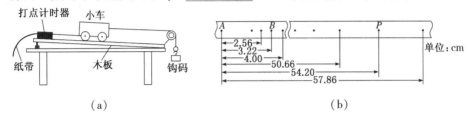

（a）　　　　　　　　　　　　（b）

图 6

若要验证动能定理，除了需测量钩码质量和小车质量外，还需要从图 6（b）给出数据中求得的物理量为_____。

答案：0.36，1.80，$B$、$P$ 之间的距离。

# 实验 46　验证机械能守恒定律（落体法）

## 一、实验目的

验证机械能守恒定律。

## 二、实验器材

铁架台（含铁夹）、打点计时器、学生电源、纸带、复写纸、导线、毫米刻度尺、重物（带纸带夹）。

## 三、实验探究

1. 实验原理

在只有重力做功的自由落体运动中，物体的重力势能和动能互相转化，但总的机械能保持不变。若物体某时刻瞬时速度为 $v$，下落高度为 $h$，则重力势能的

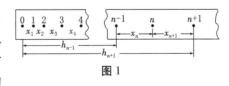

图 1

减少量为 $mgh$，动能的增加量为 $\dfrac{1}{2}mv^2$，判断它们在实验误差允许的范围内是

否相等，若相等则验证了机械能守恒定律。

2. 速度的测量

计算打第 $n$ 个点时瞬时速度的方法：如图 1 所示，由公式可得打第 $n$ 个

点时的速度 $v_n = \dfrac{h_{n+1} - h_{n-1}}{2T}$。

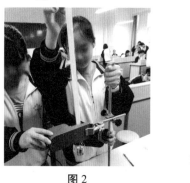 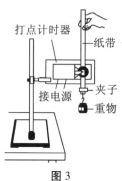

图 2                              图 3

3. 仪器安装

按如图 2、图 3 所示，将检查、调整好的打点计时器竖直固定在铁架台上，接好电路。

4. 打纸带

将纸带的一端用夹子固定在重物上，另一端穿过打点计时器的限位孔，用手提着纸带，使重物静止在靠近打点计时器的地方。先接通电源，后松开纸带，让重物带着纸带自由下落。更换纸带重复做 3~5 次实验。

5. 选纸带（分两种情况）

（1）根据 $\dfrac{1}{2}mv^2 = mgh$ 验证时，应选点迹清晰，打点成一条直线，且 1、2 两点间距离小于或接近 2 mm 的纸带。若 1、2 两点间的距离大于 2 mm，则可能是由于先释放纸带，后接通电源造成的。这种情况下，第 1 个点就不是运动的起始点，这样的纸带不能选。

（2）根据 $\dfrac{1}{2}mv_B^2 - \dfrac{1}{2}mv_A^2 = mg(\Delta h)$ 验证时，由于重力势能的变化是绝对的，处理纸带时，选择适当的点为基准点，这种情况下，纸带上打出的第 1、2 两点间的距离是否接近 2 mm 并无太大影响，只要后面的点迹清晰就可选用。

## 四、数据处理

1. 求瞬时速度

由公式 $v_n = \dfrac{h_{n+1} - h_{n-1}}{2T}$ 可以计算出重物下落 $h_1$、$h_2$、$h_3$……的高度时对应的

瞬时速度 $v_1$、$v_2$、$v_3$……

2. 验证守恒

方法一：利用起始点和第 $n$ 点计算，代入 $gh_n$ 和 $\frac{1}{2}v_n^2$，如果在实验误差允许的范围内，$gh_n = \frac{1}{2}v_n^2$，则验证了机械能守恒定律。

方法二：任取两点 $A$、$B$ 测出 $h_{AB}$，算出 $gh_{AB}$ 和 $\frac{1}{2}v_B^2 - \frac{1}{2}v_A^2$ 的值，如果在实验误差允许的范围内，$gh_{AB} = \frac{1}{2}v_B^2 - \frac{1}{2}v_A^2$，则验证了机械能守恒定律。

方法三：图象法，从纸带上选取多个点，测量从第一点到其余各点的下落高度 $h$，并计算各点速度的平方 $v^2$，然后以 $\frac{1}{2}v^2$ 为纵轴，以 $h$ 为横轴，根据实验数据绘出 $\frac{1}{2}v^2 - h$ 图线。若在误差允许的范围内图象是一条过原点且斜率为 $g$ 的直线，则验证了机械能守恒定律。

## 五、误差分析

1. 系统误差

本实验中因重物和纸带在下落过程中要克服各种阻力（空气阻力、打点计时器阻力）做功，故动能增加量 $\Delta E_K$ 稍小于重力势能的减少量 $\Delta E_P$，即 $\Delta E_K < \Delta E_P$，这属于系统误差，改进的方法是调整器材的安装，尽可能地减小阻力。

2. 偶然误差

实验的另一误差来源于长度的测量，属于偶然误差。减小误差的方法是测下落距离时都从 $O$ 点测量，一次将各打点对应的下落高度测量完，或者多次测量取平均值。

## 六、注意事项

1. 应尽可能控制实验条件，即应满足机械能守恒的条件，这就要求尽量减小各种阻力的影响，采取的措施有：

（1）安装打点计时器时，必须使两个限位孔的中线严格竖直，以减小摩擦阻力。

（2）应选用质量和密度较大的重物，增大重力可使阻力的影响相对减小，增大密度可以减小体积，可使空气阻力减小。

2. 实验中，手提纸带上端且保持不动，保证纸带竖直，接通电源，待打点计时器工作稳定后再松开纸带。

3. 验证机械能守恒时，可以不测出重物质量，只要比较 $\frac{1}{2}v_n^2$ 和 $gh_n$ 是否相等即可验证机械能是否守恒。

4. 测量下落高度时，为了减小测量值 $h$ 的相对误差，选取的各个计数点要离起始点远一些，纸带也不宜过长，有效长度可在 60~80 cm 之间。

5. 速度不能用 $v_n = gt_n$ 或 $v_n = \sqrt{2gh_n}$ 计算，否则犯了用机械能守恒定律验证机械能守恒的错误。

## 七、学以致用

1. 用如图 4（a）所示装置验证 $m_1$、$m_2$ 组成的系统机械能守恒。$m_2$ 从高处由静止开始下落，$m_1$ 上拖着的纸带通过打点计时器打出一系列的点，对纸带上的点迹进行测量，即可验证机械能守恒定律。图 4（b）是从实验中获取的一条纸带；0 是打下的第一个点，每相邻两计数点间还有 4 个点（图中未标出），计数点间的距离已标注，打点计时器所接电源频率为 50 Hz。已知 $m_1 = 50$ g、$m_2 = 150$ g，则（计算结果均保留 2 位有效数字）：

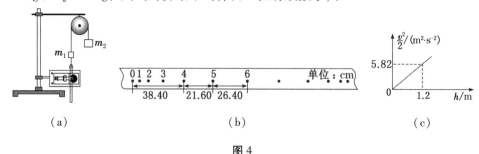

（a）　　　　　　　　　　（b）　　　　　　　　　　（c）

图 4

（1）在纸带上打下计数点 5 时的速度 $v_5 =$ _____ m/s。

（2）在打下第 "0" 点到打下第 "5" 点的过程中系统动能的增量 $\Delta E_k =$ _____ J，系统势能的减少量 $\Delta E_p =$ _____ J。（$g = 10$ m/s²）

（3）若某同学作出 $\frac{1}{2}v^2$-$h$ 图象如图 4（c）所示，则当地的重力加速度 $g =$ _____ m/s²。

**答案：**（1）2.4；（2）0.58，0.60；（3）9.7。

2.（2016·全国 1 卷）某同学用图 5（a）所示的实验装置验证机械能守恒定律，打点计时器电源为交流电源，可以使用的频率有 20 Hz、30 Hz、40 Hz。打出的一部分纸带如图 5（b）所示。

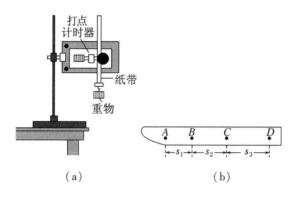

图5

实验中没有记录交流电频率 $f$，需要用实验数据和其他题给条件进行推算。

（1）若从打出的纸带可判定重物匀加速下落，利用 $f$ 和图5（b）中给出的物理量可以写出：在打点计时器打出 $B$ 点时，重物下落的速度大小为_____，打出 $C$ 点时重物下落的速度大小为_____，重物下落的加速度大小为_____。

（2）已测得 $s_1 = 8.89$ cm、$s_2 = 9.50$ cm、$s_3 = 10.10$ cm；当地 $g = 9.80$ m/s$^2$，实验中重物受到的平均阻力大小约为其重力的 1%。由此推算出 $f$ 为_____Hz。

**答案：**（1）$\frac{1}{2}f(s_1+s_2)$，$\frac{1}{2}f(s_2+s_3)$，$\frac{1}{2}f^2(s_3-s_1)$；（2）40。

# 实验 47　验证动量守恒定律（平抛法）

## 一、实验目的

验证碰撞中的动量守恒。

## 二、实验器材

斜槽、重垂线、两个大小相同而质量不等的小球、天平、白纸、复写纸、刻度尺、圆规。

## 三、实验探究

1. 实验原理

（1）如图1所示，让质量较大的小球 $m_1$ 与静止且质量较小的小球 $m_2$ 正碰，根据动量守恒定律应有 $m_1 v_1 = m_1 v_1^1 + m_2 v_2^1$。

（2）小球从斜槽上滚下后做平抛运动，其水平速度等于水平位移和运动时间的比，而从同一高度开始做平抛运动的小球运动时间相同，为 $t=\sqrt{\dfrac{2h}{g}}$，它们的水平位移之比等于水平速度之比，则动量守恒时有 $m_1 \cdot \overline{OP}=m_1 \cdot \overline{OM}+m_2 \cdot \overline{ON}$，在实验中测出 $m_1$、$m_2$ 及 $\overline{OP}$、$\overline{OM}$ 和 $\overline{ON}$ 并代入上式，即可验证碰撞前、后两小球组成的系统的动量是否守恒。

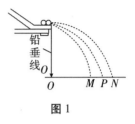

图 1

2. 测质量：用天平测出两小球的质量，并选定质量大的小球为入射小球。

3. 安装：按照图 2 安装实验装置。调整固定斜槽使斜槽底端保持水平。

4. 铺纸：白纸在下，复写纸在上且在适当位置铺放好，记下重垂线所指位置 $O$。

5. 放球找点：不放被撞小球，每次让入射小球从斜槽上某固定高度处自由滚下，重复 10 次，用圆规画尽量小的圆，把所有的小球落点圈在里面，圆心 $P$ 就是小球落点的平均位置。

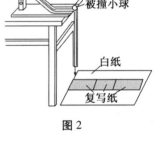

图 2

6. 碰撞找点：把被撞小球放在斜槽末端，每次让入射小球从斜槽同一高度自由滚下，使它们发生碰撞，重复实验 10 次。用步骤 5 的方法，标出碰后入射小球落点的平均位置 $M$ 和被撞小球落点的平均位置 $N$，如图 3 所示。

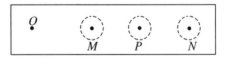

图 3

7. 验证：连接 $ON$，测量线段 $\overline{OP}$、$\overline{OM}$、$\overline{ON}$ 的长度。最后代入 $m_1 \cdot \overline{OP}=m_1 \cdot \overline{OM}+m_2 \cdot \overline{ON}$，检验在误差允许的范围内是否成立。

8. 结束：整理好实验器材并放回原处。

## 四、数据分析和结论

验证表达式：$m_1 \cdot \overline{OP}=m_1 \cdot \overline{OM}+m_2 \cdot \overline{ON}$。

本实验运用转换法，即将测量小球做平抛运动的初速度转换成测平抛运动的水平位移；由于本实验仅限于研究系统在碰撞前后动量的关系，所以各物理量的单位不必统一使用国际单位。

## 五、误差分析

1. 系统误差：来源于装置本身是否符合要求，即：

（1）碰撞是否为一维碰撞；

（2）斜槽末端切线是否水平，从而保证小球飞出后做平抛运动。

2. 偶然误差：来源于质量 $m$ 和水平位移 $x$ 的测量。

## 六、注意事项

1. 前提条件：碰撞的两物体应保证"水平"和"正碰"。

2. 利用平抛运动规律进行验证，安装实验装置时，应注意调整斜槽，使斜槽末端保持水平，且选质量较大的小球为入射小球。

3. 小球放在水平导轨末端，利用重垂线画出其在白纸上的投影点作为原点。

4. 入射小球每次都必须从斜槽上的同一位置由静止滚下，被碰小球放在斜槽末端边缘处。

5. 探究结论：寻找的不变量必须在各种碰撞情况下都不变。

## 七、学以致用

1. 如图 4（a），实验小组采用常规方案验证动量守恒定律，实验完成后，该小组又把水平木板改为竖直木板再次实验，如图 4（b）。图中小球半径均相同、质量均已知，且 $m_A > m_B$，$B$、$B'$ 两点在同一水平线上。

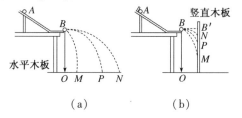

（a）　　　　　（b）

图 4

（1）采用图 4（a）装置，实验中还必须测量的物理量是＿＿＿＿＿＿＿＿

＿＿＿＿＿＿＿＿＿＿。

（2）采用图 4（b）装置，下列说法正确的是（　　　）。

A. 必须测量 $BN$、$BP$、$BM$ 距离

B. 必须测量 $B'N$、$B'P$、$B'M$ 距离

C. 若 $\dfrac{m_A}{\sqrt{B'P}} = \dfrac{m_A}{\sqrt{B'M}} + \dfrac{m_B}{\sqrt{B'N}}$，则表明此碰撞动量守恒

D. 若$\dfrac{m_A}{\sqrt{B'N}} = \dfrac{m_A}{\sqrt{B'M}} + \dfrac{m_B}{\sqrt{B'P}}$，则表明此碰撞动量守恒

**答案：**（1）$OM$、$OP$和$ON$的距离；（2）BC。

2.（2020·全国Ⅰ卷）某同学用如图5所示的装置验证动量定理，器材有：气垫导轨、滑块（上方安装宽度为$d$的遮光片）、两个与计算机相连接的光电门、砝码盘和砝码等。

实验步骤如下：

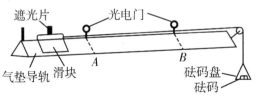

图5

（1）开动气泵，调节气垫导轨，轻推滑块，当滑块上的遮光片经过两个光电门的遮光时间_____时，可认为气垫导轨水平。

（2）用天平测砝码与砝码盘的总质量$m_1$、滑块（含遮光片）的质量$m_2$。

（3）用细线跨过轻质定滑轮将滑块与砝码盘连接，并让细线水平拉动滑块。

（4）令滑块在砝码和砝码盘的拉动下从左边开始运动，和计算机连接的光电门能测量出遮光片经过$A$、$B$两处的光电门的遮光时间$\Delta t_1$、$\Delta t_2$及遮光片从$A$运动到$B$所用的时间$t_{12}$。

（5）在遮光片随滑块从$A$运动到$B$的过程中，如果将砝码和砝码盘所受重力视为滑块所受拉力，拉力冲量的大小$I =$_____，滑块动量改变量的大小$\Delta P =$_____。（用题中给出的物理量及重力加速度$g$表示）

（6）某次测量得到的一组数据为：$d = 1.000$ cm，$m_1 = 1.50 \times 10^{-2}$ kg，$m_2 = 0.400$ kg，$\Delta t_1 = 3.900 \times 10^{-2}$ s，$\Delta t_2 = 1.270 \times 10^{-2}$ s，$t_{12} = 1.50$ s，取$g = 9.80$ m/s²。计算可得$I =$_____N·s，$\Delta P =$_____kg·m·s⁻¹。（结果均保留3位有效数字）

（7）定义$\delta = \left| \dfrac{I - \Delta p}{I} \right| \times 100\%$，本次实验$\delta =$_____%。（保留1位有效数字）

**答案：**（1）大约相等；（5）$m_1 g t_{12}$，$m_2 \left( \dfrac{d}{\Delta t_2} - \dfrac{d}{\Delta t_1} \right)$；（6）0.221，0.212；

（7）4。

# 总结：高中力学实验的若干共性

## 1. 以测加速度为核心的"纸带类""光电门"类实验

| 实验 | 装置图 | 实验操作 | 数据处理 |
|---|---|---|---|
| 研究匀变速直线运动 | 纸带 接电源 打点计时器 | 1. 细绳与长木板平行<br>2. 释放前小车应靠近打点计时器<br>3. 先接通电源，再释放小车，打点结束先切断电源，再取下纸带<br>4. 钩码质量适当 | 1. 判断物体是否做匀变速直线运动<br>2. 利用平均速度求瞬时速度<br>3. 利用逐差法求平均加速度<br>4. 作速度—时间图象，通过图象的斜率求加速度 |
| 验证牛顿运动定律 | 细绳 纸带 垫木 一端有定滑轮 槽码 的长木板 小车 打点计时器 实验台 | 1. 补偿阻力，垫高长木板的一端使小车能匀速下滑<br>2. 在补偿阻力时，不要把悬挂槽码的细绳系在小车上，实验过程中不用重复补偿阻力<br>3. 实验必须保证的条件：小车质量 $m \gg$ 槽码质量 $m'$<br>4. 释放前小车要靠近打点计时器；应先接通电源，后释放小车 | 1. 利用逐差法或 $v-t$ 图象法求 $a$<br>2. 作出 $a-F$ 图象和 $a-\dfrac{1}{m}$ 图象，确定 $a$ 与 $F$、$m$ 的关系 |
| 验证机械能守恒定律 | 打点计时器 纸带 夹子 重物 | 1. 竖直安装打点计时器，以减少摩擦阻力<br>2. 选用质量大、体积小、密度大的材料<br>3. 选取第 1、2 两点间距离接近 $2mm$ 的纸带，用 $mgh = \dfrac{1}{2}mv^2$ 进行验证 | 1. 应用 $v_n = \dfrac{h_{n+1}-h_{n-1}}{2T}$ 计算某时刻的瞬时速度<br>2. 判断 $mgh_{AB}$ 与 $\dfrac{1}{2}mv_B^2 - \dfrac{1}{2}mv_A^2$ 是否在误差允许的范围内相等<br>3. 作出 $\dfrac{1}{2}v^2 - h$ 图象，求 $g$ 的大小 |

续表

| 实验 | 装置图 | 实验操作 | 数据处理 |
|---|---|---|---|
| 探究动能定理 | 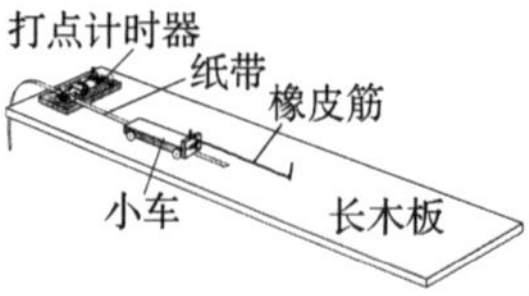 打点计时器 纸带 橡皮筋 小车 长木板 | 1. 垫高木板的一端，平衡摩擦力<br>2. 拉伸的橡皮筋对小车做功：<br>（1）用一条橡皮筋拉小车——做功 W<br>（2）用两条橡皮筋拉小车——做功 2 W<br>（3）用三条橡皮筋拉小车——做功 3 W<br>3. 测出每次做功后小车获得的速度 | 分别用各次实验测得的 $v$ 和 $W$ 绘制 $W$-$v$ 或 $W$-$v^2$、$W$-$v^3$……图象，直到明确得出 $W$ 和 $v$ 的关系 |
| 验证动量守恒定律 |  光电门a $A$ $B$ 光电门b | 1. 开始前调节导轨水平<br>2. 用天平测出两滑块的质量<br>3. 用光电门测量碰前和碰后的速度 | 1. 滑块速度的测量：$v = \dfrac{\Delta x}{\Delta t}$<br>2. 验证的表达式：$m_1 v_1 + m_2 v_2 = m_1 v_1' + m_2 v_2'$ |

## 2. 力学其他实验

| 实验 | 装置图 | 实验操作 | 数据处理 |
|---|---|---|---|
| 探究弹簧弹力与形变量的关系 | 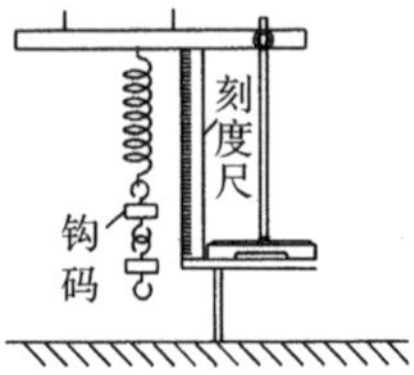 刻度尺 钩码 | 1. 应在弹簧自然下垂时，测量弹簧原长 $l_0$<br>2. 如水平放置时测原长，图线将不过原点，原因是弹簧自身有重力 | 1. 作出弹力 $F$ 随弹簧伸长量 $x$ 变化的图线，斜率表示弹簧的劲度系数<br>2. 超过弹簧的弹性限度，图线会发生弯曲 |
| 探究两个互成角度的力的合成规律 | 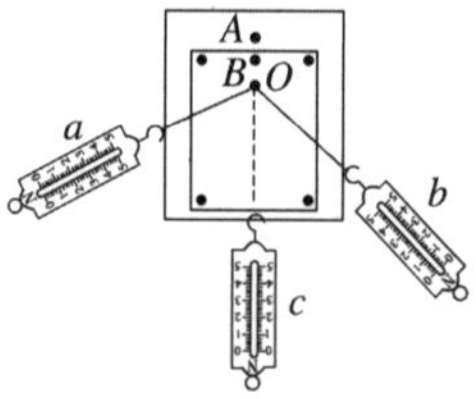 $A$ $B$ $O$ $a$ $b$ $c$ | 1. 正确使用弹簧测力计<br>2. 同一次实验中，橡皮条结点的位置一定要相同<br>3. 细绳套应适当长一些，互成角度地拉橡皮条时，夹角合适 | 1. 按力的图示作平行四边形<br>2. 求合力大小 |

续表

| 实验 | 装置图 | 实验操作 | 数据处理 |
|---|---|---|---|
| 探究平抛运动的特点 | | 1. 保证斜槽末端水平<br>2. 每次让小球从斜轨道的同一位置由静止释放<br>3. 坐标原点应是小球出槽口时球心在木板上的投影点 | 1. 用代入法或图象法判断运动轨迹是不是抛物线<br>2. 由公式：$x=v_0t$ 和 $y=\frac{1}{2}gt^2$，求初速度 $v_0=x\sqrt{\dfrac{g}{2y}}$ |
| 探究向心力大小与半径、角速度、质量的关系 | | 1. 弹力大小可以通过标尺上刻度读出，该读数显示了向心力大小<br>2. 采用了控制变量法，探究向心力大小与半径、角速度、质量的关系 | 作出 $F_n-\omega^2$、$F_n-r$、$F_n-m$ 的图象，分析向心力与角速度、半径、质量之间的关系 |

# 第二节　5个电学实验

## 实验48　描绘小电珠的伏安特性曲线

### 一、实验目的

1. 描绘小电珠的伏安特性曲线；
2. 分析伏安特性曲线的变化规律。

### 二、实验器材

学生电源（4~6 V直流）或电池组、小电珠（3.8 V，0.3 A）、电流表、电压表、滑动变阻器、开关、坐标纸、导线若干。

### 三、实验探究

1. 实验原理。

（1）电路原理如图 1（a），测多组小电珠的 $U$、$I$ 值，并绘出 $I\text{-}U$ 图象[图 1（b）]；

（2）由图线的斜率反映电流与电压的关系，以及温度的影响。

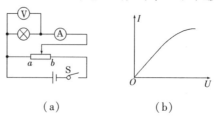

（a） （b）

**图 1**

2. 确定电流表、电压表的量程，采用电流表外接法，滑动变阻器采用分压式接法，按电路原理图连接好实验电路（如图 2）。

**图 2**

3. 把滑动变阻器滑片调节到电路原理图中最左端，连接线经检查无误后，闭合开关 S。

4. 移动滑动变阻器滑片位置，测出 12 组左右不同的电压值 $U$ 和电流值 $I$，并将测量数据填入表 1 中，然后断开开关 S。

**表 1**

| $U(V)$ | 0 | 0.2 | 0.4 | 0.6 | 0.8 | 1.0 | 1.2 |
|--------|---|-----|-----|-----|-----|-----|-----|
| $I(A)$ | | | | | | | |
| $U(V)$ | 1.4 | 1.8 | 2.2 | 2.6 | 3.0 | 3.4 | 3.8 |
| $I(A)$ | | | | | | | |

5. 拆除电路，整理仪器。

#### 四、数据处理

1. 在坐标纸上以 $U$ 为横轴，以 $I$ 为纵轴，建立坐标系。

2. 在坐标纸上描出各组数据所对应的点（坐标系纵轴和横轴的标度要适中，以使所描图线充分占据整个坐标纸为宜）。

3. 将描出的点用平滑的曲线连接起来，就得到小电珠的伏安特性曲线。

#### 五、误差分析

1. 系统误差：由于采用电流表外接法，电流表的测量值大于小电珠电流的真实值。

2. 偶然误差

（1）电压表、电流表读数时存在误差；

（2）在坐标纸上描点、作图时存在误差。

#### 六、注意事项

1. 电路的连接方式

（1）电流表应采用外接法：小电珠（3.8 V，0.3 A）的电阻很小，与量程为 0~0.6 A 的电流表串联时，电流表的分压影响很大；

（2）滑动变阻器采用分压接法：目的是能使小电珠两端电压从零开始连续变化。

2. 闭合开关 S 前，滑动变阻器的滑片应移到使小电珠分得电压为零的一端，使开关闭合时小电珠的电压从零开始变化，同时也是为了防止开关刚闭合时因小电珠两端电压过大而烧坏灯丝。

3. $I$–$U$ 图线在 $U_0 = 1.0$ V 左右将发生明显弯曲，故在 $U_0 = 1.0$ V 左右绘点要密，防止出现较大误差。

4. 当小电珠的电压接近额定值时要缓慢增加，到额定值记录 $I$ 后马上断开开关。

5. 误差较大的点舍去，描绘 $I$–$U$（$U$–$I$）图线时要注意三点：一是标度选取合理。即作出的图象既可以把表中所给出的所有点都标注上，同时又要使图象分布在中央位置上；二是用"·"或"×"标注点；三是用平滑曲线拟合连接各点，误差较大的点可以舍弃。$I$–$U$ 图线应是平滑曲线而非折线。

#### 七、学以致用

（2022·全国乙卷）一同学探究阻值约为 550 Ω 的待测电阻 $R_x$ 在 0~5 mA 范围内的伏安特性，可用器材有：电压表 Ⓥ（量程为 3 V，内阻很大），电流表 Ⓐ（量程 1 mA，内阻 300 Ω），电源 $E$（电动势约为 4 V，内阻不计），滑动

变阻器 $R$（最大阻值可选 10 Ω 或 1.5 kΩ），定值电阻 $R_0$（阻值可选 75 Ω 或 150 Ω），开关 S，导线若干。

（1）要求通过 $R_x$ 的电流可在 0~5 mA 范围内连续可调，将图 3（a）所示的器材符号连线，画出实验电路的原理图。

（2）实验时，图 3（a）中的 $R$ 应选最大阻值为 ＿＿＿＿＿＿＿（填 "10 Ω" 或 "1.5 kΩ"）的滑动变阻器，$R_0$ 应选阻值为 ＿＿＿＿（填 "75 Ω" 或 "150 Ω"）的定值电阻。

（3）测量多组数据可得 $R_x$ 的伏安特性曲线。若在某次测量中，电压表、电流表的示数分别如图 3（b）和图 3（c）所示，则此时 $R_x$ 两端的电压为＿＿＿＿＿＿＿ V，流过 $R_x$ 的电流为＿＿＿＿＿＿＿ mA，此组数据得到的 $R_x$ 的阻值为＿＿＿＿＿＿＿ Ω。（保留 3 位有效数字）

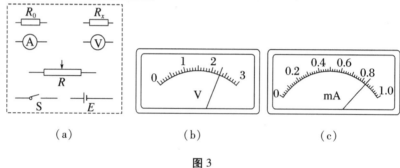

（a）　　　　　（b）　　　　　（c）

图 3

答案：

（1）

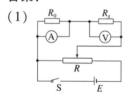

（2）10 Ω，75 Ω；（3）2.30，4.20，548。

# 实验 49　测定金属的电阻率

## 一、实验目的

1. 掌握电流表、电压表和滑动变阻器的使用方法及电流表和电压表的读数方法；

2. 掌握螺旋测微器和游标卡尺的原理及读数方法；

3. 会用伏安法测电阻，进一步测定金属的电阻率。

## 二、实验器材

被测金属丝、螺旋测微器、毫米刻度尺、电池组、电流表、电压表、滑动变阻器、开关、导线若干。

## 三、实验探究

1. 实验原理

（1）用伏安法测出金属导线的电阻，实验电路图如图1。

（2）由电阻定律 $R=\rho\dfrac{l}{S}$，得 $\rho=R\dfrac{S}{l}$。

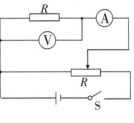

图1

2. 直径测定：用螺旋测微器在被测金属导线上的三个不同位置各测一次直径，求出其平均值 $d$，计算出导线的横截面积 $S=\dfrac{\pi d^2}{4}$。

3. 电路连接：按实验原理电路图连接好电路。

4. 长度测量：用毫米刻度尺测量接入电路中的被测金属导线的有效长度，反复测量3次，求出其平均值 $l$。

5. $U$、$I$ 测量：把滑动变阻器的滑片调节到电路图中的最左端，拣压电路拣出的电压为0。电路经检查确认无误后，闭合开关S，改变滑动变阻器滑片的位置，读出几组相应的电流表、电压表的示数 $I$ 和 $U$ 的值，记入表1内，断开开关S。

表1

| | 长度 $l$/m | 直径 $d$/m | 横截面积 $S$/m$^2$ | 测电阻 | | | 比例系数 $\rho$ |
| --- | --- | --- | --- | --- | --- | --- | --- |
| | | | | 电压 $U$/V | 电流 $I$/A | 电阻 $R$/Ω | |
| 材料1 | | | | | | | |
| 材料2 | | | | | | | |
| 材料3 | | | | | | | |

6. 拆除实验线路，整理好实验器材。

## 四、数据处理

1. 在求 $R_x$ 的平均值时可用两种方法

（1）用 $R_x=\dfrac{U}{I}$ 分别算出各次的数值，再取平均值；

（2）用 $U$-$I$ 图线的斜率求出。

2. 计算电阻率

将记录的数据代入电阻率计算式 $\rho = R_x \dfrac{S}{l} = \dfrac{\pi d^2 U}{4Il}$ 求得 $\rho$。

实验结论：相对于同一种导体材料而言，不管导体的长度、横截面积和电阻有多大，＿＿＿＿＿＿是一个不变量。即＿＿＿＿＿＿是一个只与导体材料有关的物理量。

## 五、误差分析

1. 金属丝横截面积是利用直径计算而得，直径测量是产生误差的主要来源之一；

2. 采用伏安法测量金属丝的电阻时，由于采用的是电流表外接法，测量值小于真实值，使电阻率的测量值偏小；

3. 金属丝的长度测量、电流表和电压表的读数等会带来偶然误差；

4. 由于金属丝通电后发热升温，会使金属丝的电阻率变大，造成测量误差。

## 六、注意事项

1. 被测金属导线的电阻值较小，实验电路一般采用电流表外接法；

2. 测量被测金属导线的有效长度，是指测量待测导线接入电路的两个端点之间的长度，即电压表两端点间的待测导线长度，测量时应将导线拉直，反复测量三次，求其平均值；

3. 测金属导线直径一定要选三个不同部位进行测量，求其平均值；

4. 闭合开关 S 前，一定要使滑动变阻器的滑片处在如电路图的最左端，拣压为 0；

5. 在用伏安法测电阻时，通过待测导线的电流强度 $I$ 不宜过大（电流表用 0~0.6A 量程），通电时间不宜过长，以免金属导线的温度明显升高，造成其电阻率在实验过程中逐渐增大。

## 七、学以致用

1. 图 2 中 $R_1$、$R_2$ 是两个材料相同、厚度相同、表面均为正方形的导体，但 $R_2$ 的尺寸远远小于 $R_1$ 的尺寸。通过两导体的电流方向如图 2 所示，则关于这两个导体的电阻关系的说法正确的是（　　）。

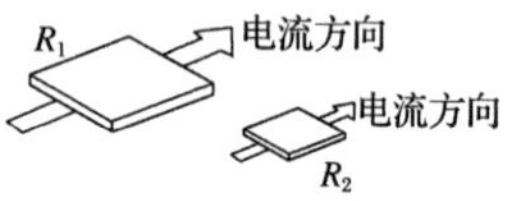

图 2

　　A. $R_1 = R_2$　　　　　　B. $R_1 < R_2$

C. $R_1 > R_2$　　　　　　　　D. 无法确定

**答案**：A。

2. 常温下，纯铜的电阻率约为 $1.75 \times 10^{-8}$ Ω·m。为检测一捆铜质电线的电阻率是否合格，现取一段铜质电线测量其电阻率，实验室现有的器材如下：

A. 电源（电动势约为 1.5 V，内阻不计）

B. 待测铜质电线（长度 150 m，横截面积约 1 mm²）

C. 电流表 $A_1$（量程 150 mA，内阻 $r_1$ 约为 2 Ω）

D. 电流表 $A_2$（量程 100 mA，内阻 $r_2$ 约为 3 Ω）

E. 滑动变阻器 $R_1$（0~20 Ω，额定电流 0.2 A）

F. 开关、导线若干

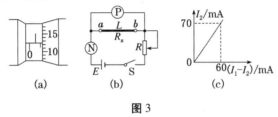

图3

（1）小组成员先用螺旋测微器测量该铜质电线的直径 $d$，如图 3（a）所示，则 $d=$ _____ mm。

（2）小组设计的测量电路如图 3（b）所示，则Ⓟ是_____，Ⓝ是_____（填对应器材符号），通过实验作出的图象如图 3（c）所示。

（3）由图 3（b）电路测得的铜质电线的电阻，其测量值比真实值_____（选填"偏大""不变"或"偏小"）。

（4）由图 3（c）求得这捆铜质电线的电阻率 $\rho=$ _____ Ω·m（结果保留 3 位有效数字），从铜电线自身角度，你认为电阻率大的可能原因是_____。

**答案**：（1）1.125；（2）$A_2$，$A_1$；（3）不变；（4）$2.32 \times 10^{-8}$，铜含过多的杂质。

# 实验 50　测定电源的电动势和内阻

## 一、实验目的

1. 进一步理解闭合电路欧姆定律，掌握用电压表和电流表测量电源电动势和内阻的方法。

2. 掌握用图象法求电动势和内阻的方法；理解并掌握路端电压 $U$ 与干路电流 $I$ 的关系图象（即 $U$-$I$ 图象）与纵、横坐标轴交点坐标的意义以及图象斜率的意义。

## 二、实验器材

旧电池（或水果电池）、电压表、电流表、滑动变阻器、开关、导线、坐标纸、刻度尺、铅笔。

## 三、实验原理

问题 1：等效电动势和内阻

电源电动势为 $E$，内阻为 $r$，滑动变阻器最大电阻为 $R$，且 $R > R_0 + r$（图 1）；$R > \dfrac{R_0 r}{R_0 + r}$（图 2）。求滑动变阻器可达到的最大功率。

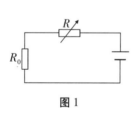

图 1

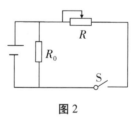

图 2

等效电源内阻是 $r_0 = r + R_0 > r$　　　等效电源内阻是 $r_0 = \dfrac{R_0 r}{R_0 + r}$

等效电动势是 $E_0 = E$　　　　　　　等效电动势是 $E_0 = \dfrac{R_0}{R_0 + r} E < E$

调节变阻器至电阻为 $R_x = r_0 = r + R_0$，　　调节变阻器至电阻为 $R_x = r_0 = \dfrac{R_0 r}{R_0 + r}$，

变阻器达到的 $P_{max} = \dfrac{E^2}{4 r_0}$　　　　变阻器达到的 $P_{max} = \dfrac{E_0^2}{4 r_0}$

问题 2：要想测出旧电池的电动势和内阻，你有哪些方法？请说明你的方

法，画出实验原理图，并写出必要的关系式和实验器材。

方法一：伏安法［推荐用图3（a）安培表外接法，因为图3（b）安培表内接法对内阻测量带来较大的误差。］

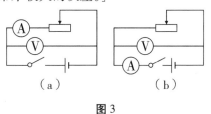

图3

原理公式：$E = U + Ir$

［对图3（a）：认为 $U$ 是路端电压，误差来源于Ⓥ的分流；对图3（b）：认为 $U$ 是路端电压，误差来源于Ⓐ的分压。］

方法二：如图4，安阻法［等效方法一"图3（b）"］

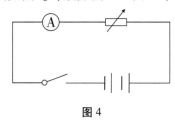

图4

原理公式：$E = IR + Ir$

变形为：$R = E\left(\dfrac{1}{I}\right) - r$

方法三：如图5，伏阻法［等效方法一"图3（a）"］

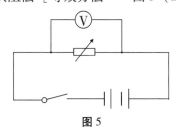

图5

原理公式：$E = U + \dfrac{U}{R}r$

变形为：$\dfrac{1}{R} = \left(\dfrac{E}{r}\right)\left(\dfrac{1}{U}\right) - \dfrac{1}{r}$

问题3：课本介绍测量电池的电动势和内阻实验采用的是哪一种实验方法？若测得两组实验数据，请写出相应的关系式，并求出电池电动势 $E$ 和内

阻 $r$ 表达式。

问题4：结论与误差分析

对于方法一图3（a），有 $U$-$I$ 关系如图6（误差来源于⓿的分流）。

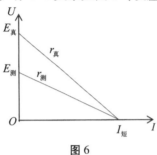

图6

$$E_{真} > E_{测} \text{ 与 } r_{真} > r_{测}$$

$$r_{测} = \frac{r_{真} R_V}{r_{真} + R_V} \text{ 与 } E_{测} = \frac{R_V}{R_V + r_{真}} \cdot E_{真}$$

对于方法一图3（b），有 $U$-$I$ 关系如图7（误差来源于Ⓐ的分压）。

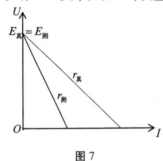

图7

$$E_{真} = E_{测} \text{ 与 } r_{真} < r_{测}$$

$$r_{测} = r_{真} + R_A$$

注意：对于图6"两条线在横轴交于一点"的解释

由 $I_{真} = I_{测} + \frac{U_V}{R_V}$，令 $U_V = 0$，得：$I_{真} = I_{测} = I_{短}$

或者理解为：同一电池在某个时刻，短路电流确定（$I_{短} = \dfrac{E}{r}$）。

问题5：实验中为何须选取内阻较大的水果电池或旧电池？水果电池的正负极如何鉴别？水果电池内阻与哪些因素有关？实验过程中水果电池内阻有何变化？实验操作中要注意哪些问题？

## 四、实验步骤

问题6：简要写出实验步骤。

（1）实验步骤

①画出实验电路图，并按图连接好电路，开关先_____。

②制造水果电池，将其接入电路中。

③进行实验，如图8，把变阻器的滑动片移到一端，使其电阻值_____。闭合开关，调节变阻器，使电流表有_____，记录一组 $I$–$U$ 数据。

④用同样的方法测量几组 $I$–$U$ 数据，记录到表1中。

表1

| 次数 | 1 | 2 | 3 | 4 | 5 | 6 | 7 | 8 |
|------|---|---|---|---|---|---|---|---|
| 电流 $I$/A | | | | | | | | |
| 电压 $U$/V | | | | | | | | |

**图8**

⑤断开开关，拆除电路，整理好器材。

⑥处理实验数据。

（2）实验数据的处理

问题7：（公式法）列方程组算出电池的电动势 $E$ 和内阻 $r$，求出若干组 $E$ 和 $r$，最后得出 $E$ 的平均值和 $r$ 的平均值作为实验结果，记录。

问题8：（作图法）

（1）建立坐标系、描点（在下面的坐标系中描点）。纵轴表示_____，横轴表示_____。

（2）取合适的标度，使所描坐标点分布于绝大部分坐标纸，必要时纵坐标可以_____。

（3）根据描出的坐标点作出 $U$–$I$ 图线。应使尽量多的点落在描出的线上，不能落在线上的点要尽量_____，误差很大的数据，应_____。这样做，可使偶然误差得到部分抵消，从而提高精确度。

(4) 准确读出 $U$-$I$ 图线与纵轴的交点坐标为_____，和横轴的交点坐标为_____。

（方格坐标图）

讨论1：若纵坐标从零开始，图线延长与横、纵轴的交点各代表什么物理量？

讨论2：画 $U$-$I$ 图线，若纵轴刻度不从零开始，是根据测得数据从某一值开始（横坐标 $I$ 须从零开始），这时图线和横轴交点是短路电流吗？直线斜率大小是电源内电阻吗？

## 五、实验分析

问题9：断路路端电压等于电池电动势，短路时电流测量后可以计算得电池内电阻，为什么不直接进行测量？

问题10：实验系统误差产生原因是什么？导致电动势和内电阻测量值比真实值大还是小？

问题11：为减小实验系统误差，滑动变阻器、电压表和电流表等器材应该如何选择？

## 六、学以致用

（2021·全国乙卷）实验小组利用图9（a）电路测量电池电动势 $E$（约1.5 V）和内阻 $r(r<2\,\Omega)$。图中电压表量程1 V，内阻 $R_V=380.0\,\Omega$；定值电阻 $R_0=20.0\,\Omega$；电阻箱 $R$ 最大阻值为 999.9 $\Omega$；S 为开关，按电路图连接电路。填空：  .

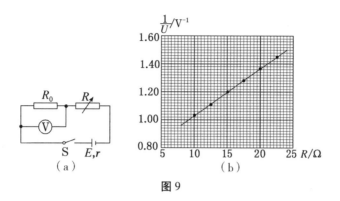

图9

（1）为保护电压表，闭合开关前，电阻箱接入电路的电阻值可以选＿＿＿＿＿＿Ω（填"5.0"或"15.0"）。

（2）闭合开关，多次调节电阻箱，记录下阻值 $R$ 和电压表的相应读数 $U$。

（3）根据图9（a）所示电路，用 $R$、$R_0$、$R_V$、$E$ 和 $r$ 表示 $\frac{1}{U}$，得 $\frac{1}{U}=$ ＿＿＿＿＿＿＿＿＿＿＿。

（4）利用测量数据，作 $\frac{1}{U}-R$ 图线，如图9（b）所示。

（5）通过图9（b）可得 $E=$ ＿＿＿＿＿＿V（保留2位小数），$r=$ ＿＿＿＿＿＿Ω（保留1位小数）。

（6）若将图9（a）中的电压表当成理想电表，得到的电源电动势为 $E^1$，由此产生的误差为 $\left|\dfrac{E^1-E}{E}\right|=$ ＿＿＿＿＿＿＿＿。

**答案：**（1）15.0；（3）$\dfrac{R_0+R_V}{ER_VR_0}\cdot R+\dfrac{1}{E}+\dfrac{(R_V+R_0)\cdot r}{ER_VR_0}$；（5）1.56，1.5；（6）5。

# 实验51　练习使用多用电表

## 一、实验目的

1. 了解多用电表的构造和原理，掌握多用电表的使用方法；
2. 会使用多用电表测电压、电流及电阻；
3. 会使用多用电表探索黑箱中的电学元件。

## 二、实验原理

### 1. 外部构造

（1）转动选择开关可以使用多用电表测量电流、电压、电阻等；

（2）表盘的上部为表头，用来表示电流、电压和电阻的多种量程；

（3）由于多用电表的测量项目和量程比较多，而表盘的空间有限，所以并不是每个项目的量程都有专门的标度，有些标度就属于共用标度，图 1 中的第二行就是交、直流电流和直流电压共用的标度。

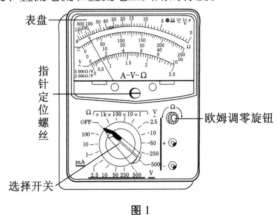

**图 1**

### 2. 欧姆表内部构造和原理

（1）欧姆表内部电路简化如图 2（3 部分：干电池、滑动变阻器、灵敏电流计）；

（2）多用电表测电阻阻值的原理：闭合电路欧姆定律。

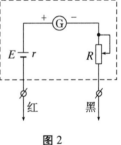

**图 2**

①红、黑表笔短接，进行欧姆调零时，指针满偏，有 $I_g = \dfrac{E}{R_g + R + r}$；

②当红、黑表笔之间接有未知电阻 $R_x$ 时，有 $I = \dfrac{E}{(R_g + R + r) + R_x}$，故每一个未知电阻都对应一个电流值 $I$；

③由于 $I$ 与 $R_x$ 是非线性关系，表盘上电流刻度是均匀的，其对应的电阻刻度却是不均匀的，电阻的零刻度在电流满偏处（表盘最右端）。当 $R_x = R_g + R + r$ 时，$I = \dfrac{I_g}{2}$，指针半偏，所以欧姆表的内阻等于中值电阻，且刻度为左密右稀。

### 三、实验器材

多用电表、电学黑箱、直流电源、开关、导线若干、小灯泡、二极管、定值电阻（大、中、小3个）。

### 四、实验步骤

1. 测量前准备

（1）如图3，观察多用电表的外形，认识选择开关对应的测量项目及量程；

（2）检查多用电表的指针是否停在表盘刻度左端的零位置，若不指零，则可用小螺丝刀进行机械调零；

（3）将红、黑表笔分别插入"＋""－"插孔。

2. 直流电压和直流电流的测量

（1）按图4（a）连好电路，将多用电表选择开关置于直流电压挡，测小灯泡两端的电压。

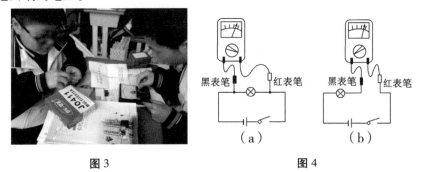

图3                                    图4

（2）按图4（b）连好电路，将选择开关置于直流电流挡，测量通过小灯泡的电流。

3. 用多用电表测电阻的步骤

（1）调整指针定位螺丝，使指针指向电流的零刻度；

（2）将选择开关置于"Ω"挡的"×1"挡，短接红、黑表笔，调节欧姆调零旋钮，然后断开表笔，再使指针指向"∞"；

（3）将两表笔分别接触阻值为几十欧的定值电阻两端，读出指示的电阻值，然后断开表笔，再与标定值进行比较；

（4）选择开关改置"×100"挡，重新进行欧姆调零；

（5）再将两表笔分别接触阻值为几千欧的电阻两端，读出指示的电阻值，然后断开表笔，与标定值进行比较；

（6）测量完毕，将选择开关置于交流电压最高档或"OFF"档。

4. 探索黑箱内的电学元件

表1

| 电学元件 | 应用挡位 | 现象 |
|---|---|---|
| 电源 | 电压挡 | 两接线柱正、反接时均无示数说明无电源 |
| 电阻 | 欧姆挡 | 两接线柱正、反接时示数相同 |
| 二极管 | 欧姆挡 | 正接时示数很小，反接时示数很大 |
| 电容器 | 欧姆挡 | 指针先指向某一小阻值，后逐渐增大到"∞"，且指针摆动越来越慢 |
| 电感线圈 | 欧姆挡 | 示数由"∞"逐渐减小到某一较小固定示数 |

## 五、数据处理

1. 测电阻时，电阻值等于指针的示数与倍率的乘积。指针示数的读数一般读两位有效数字；

2. 测电压和电流时，如果所读表盘的最小刻度为1、0.1、0.01等，读数时应读到最小刻度的下一位，若表盘的最小刻度为0.2、0.02、0.5、0.05等，读数时只读到与最小刻度位数相同即可（小数点后位数对齐）。

## 六、误差分析

1. 电池用旧后，电动势会减小，内阻会变大，致使电阻测量值偏大，要及时更换新电池；

2. 欧姆表的表盘刻度不均匀，估读时易带来误差，要注意其左密右疏的特点。

3. 由于欧姆表刻度的非线性，表头指针偏转过大或过小都会使误差增大，因此要选用恰当挡位，尽可能使指针指向表盘的中值刻度附近；

4. 测电流、电压时，由于电表内阻的影响，测得的电流、电压值均小于真实值；

5. 读数时的观测易造成偶然误差，要垂直表盘正对指针读数。

## 七、注意事项

1. 使用前要机械调零。注意机械调零（左调0）和欧姆调零（右调0）的区别；

2. 两表笔在使用时，电流总是"黑出红入"；

3. 选择开关的功能区域，要分清是测电压、电流还是电阻，要分清是交流还是直流；

4. 电压、电流挡为量程范围挡，欧姆挡为倍率挡；

5. 刻度线有三条：上为电阻专用，中间为交流、直流电压、直流电流共用，下为交流 2.5 V 专用；

6. 测电阻时，待测电阻要与其他元件和电源断开；换挡要重新欧姆调零；

7. 使用完毕，选择开关置于"OFF"挡或交流电压最高挡，长期不用应取出电池。

## 八、学以致用

（2019·全国 3 卷）某同学欲将内阻为 99.5 Ω、量程为 100 μA 的电流表改装成欧姆表并进行刻度和校准，要求改装后欧姆表的 15 kΩ 刻度正好对应电流表表盘的 50 μA 刻度。可选用的器材还有：定值电阻 $R_0$（阻值 14 kΩ），滑动变阻器 $R_1$（最大阻值 1500 Ω），滑动变阻器 $R_2$（最大阻值 500 Ω），电阻箱（0-99999.9 Ω），干电池（$E = 1.5$ V，$r = 1.5$ Ω），红、黑表笔和导线若干。

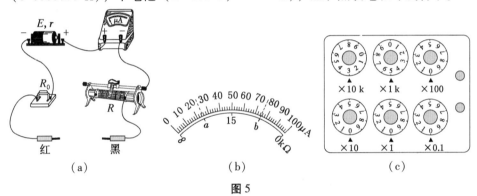

图 5

（1）欧姆表设计

图 5（a）中滑动变阻器 $R$ 接入电路的电阻应为_____Ω；滑动变阻器选_____（填"$R_1$"或"$R_2$"）。

（2）刻度欧姆表表盘

通过计算，对整个表盘进行电阻刻度，如图 5（b）所示。表盘上 $a$、$b$ 处的电流刻度分别为 25 和 75，则 $a$、$b$ 处的电阻刻度分别为_____、_____。

（3）校准

红、黑表笔短接，调节滑动变阻器，使欧姆表指针指向_____kΩ 处；将红、黑表笔与电阻箱连接，记录多组电阻箱接入电路的电阻值及欧姆表上对应的测量值，完成校准数据测量。若校准某刻度时，电阻箱旋钮位置如图 5（c）所示，则电阻箱接入的阻值为_____Ω。

答案：（1）900；$R_1$；（2）45，5；（3）0，35000.0。

# 实验 52　传感器的简单使用

## 一、实验目的

1. 认识热敏电阻、光敏电阻等敏感元器件的特性；
2. 了解传感器的使用方法。

## 二、实验原理

1. 传感器能够将感受到的物理量（力、热、光、声等）转换成便于测量的量（一般是电学量）；
2. 其工作过程如图 1 所示。

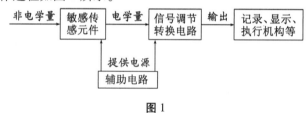

**图 1**

## 三、实验器材

热敏电阻、光敏电阻、多用电表、铁架台、烧杯、冷水、热水、小灯泡、学生电源、电压表（0~3 V）与电流表（0~0.6 A）、滑动变阻器、开关、导线。

## 四、实验过程

1. 研究热敏电阻的特性

（1）实验步骤

①按图 2 连接好电路，将热敏电阻做绝缘处理。

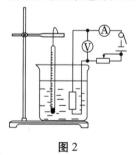

**图 2**

②将热水和冷水分 $n$ 次注入烧杯中，记录每一次温度值和两电表读数。

③利用 $R=\dfrac{U}{I}$ 计算出每一次热敏电阻的阻值。

（2）数据处理

①根据记录数据，把测量到的温度值和电阻值填入表 1 中，分析热敏电阻的特性。

表 1

| 温度（℃） | | | | | |
| --- | --- | --- | --- | --- | --- |
| 电阻（Ω） | | | | | |

②在图 3 的坐标系中，粗略画出热敏电阻的阻值随温度变化的图线。

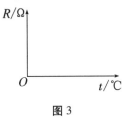

图 3

③根据 $R\text{-}t$ 图线，得出结论（热敏电阻的阻值随温度的升高而减小）。

2. 研究光敏电阻的特性

（1）实验步骤

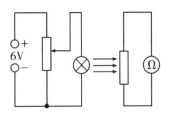

图 4

①将光敏电阻、多用电表、小灯泡、滑动变阻器按如图 4 所示电路连接好，并将多用电表置于欧姆"×100"挡。

②先测出在室内自然光的照射下光敏电阻的阻值，并记录数据。

③打开电源，让小灯泡发光，调节小灯泡的亮度使之逐渐变亮，观察表盘指针显示电阻阻值的情况，并记录。

④用手掌（或黑纸）遮光，观察表盘指针显示电阻阻值的情况，并记录。

（2）数据处理：把记录的结果填入表 2 中，根据记录数据分析光敏电阻的特性。

表2

| 光照强度 | 无光照射 | 弱 | 中 | 强 |
|---|---|---|---|---|
| 阻值（Ω） | | | | |

## 五、实验结论

光敏电阻的阻值被光照射时发生变化，光照增强电阻变小，光照减弱电阻变大。

## 六、误差分析

本实验误差主要来源于温度计和欧姆表的读数。

## 七、注意事项

1. 在做热敏电阻实验时，加入水后要等一会儿再测其阻值，以使电阻温度与水的温度相同，并同时读出水温和电压、电流值。

2. 光敏电阻实验中，如果效果不明显，可将电阻部分电路放入带盖的纸盒中，并通过盖上的小孔改变照射到光敏电阻上的光的强度。

3. 欧姆表每次换挡后都要重新调零。

## 八、理论探究：光敏电阻和热敏电阻的工作机理

光敏、热敏电阻的材料是一种半导体。以单晶硅为例，如图5是硅原子排列的示意图，每个原子的最外层有4个电子。

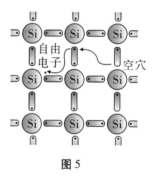

图5

由于热运动或其他原因，其中极少数电子可能获得较大的能量，挣脱原子的束缚而成为自由电子。这样，在原来的地方就留下一个空位，称为"空穴"，空穴相当于一个正电荷。当这个空穴由附近原子中的电子来填补时，就出现了一个新的空穴，这种变化相当于空穴在移动。

如果有了外电场，自由电子和空穴就会向相反的方向做定向移动，于是在半导体中形成了电流。自由电子和空穴都叫作载流子。

当半导体材料受到光照或者温度升高时，会有更多的电子获得能量成为自由电子，同时形成更多的空穴，于是导电能力明显增强。

光敏电阻能够把光照强弱这个光学量转换为电阻这个电学量，它就像人

的眼睛，可以看到光线的强弱。

## 九、学以致用

（2020·全国3卷）如图6，已知一热敏电阻，当温度从10 ℃升至60 ℃时，阻值从几千欧姆降至几百欧姆，某同学利用伏安法测量其阻值随温度的变化关系。所用器材：电源$E$、开关$S$、滑动变阻器$R$（最大阻值为20 Ω）、电压表（可视为理想电表）和毫安表（内阻约为100 Ω）。

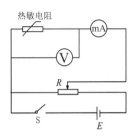

图6

（1）实验时，将热敏电阻置于温度控制室中，记录不同温度下电压表和毫安表的示数，计算出相应的热敏电阻阻值。若某次测量中电压表和毫安表的示数分别为5.5 V和3.0 mA，则此时热敏电阻的阻值为_____kΩ（保留2位有效数字）。实验中得到的该热敏电阻阻值$R$随温度$t$变化的曲线如图7（a）所示。

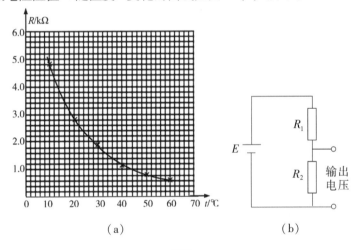

（a）　　　　　　　　　　（b）

图7

（2）将热敏电阻从温控室取出置于室温下，测得达到热平衡后热敏电阻的阻值为2.2 kΩ。由图7（a）求得，此时室温为_____℃（保留3位有效数字）。

（3）利用实验中的热敏电阻可以制作温控报警器，其电路的一部分如图7（b）所示。图中，$E$为直流电源（电动势为10 V，内阻可忽略）；当图中的输出电压达到或超过6.0 V时，便触发报警器（图中未画出）报警。若要求环境温度上升到50 ℃时开始报警，则图中_____（填"$R_1$"或"$R_2$"）应使用热敏电阻，另一固定电阻的阻值应为_____kΩ（保留2位有效数字）。

答案：（1）1.8；（2）25.5；（3）$R_1$；1.2。

# 总结：高中电学实验的若干共性

## 1. 以测电阻为核心的实验

| | | |
|---|---|---|
| 伏安法测电阻 | 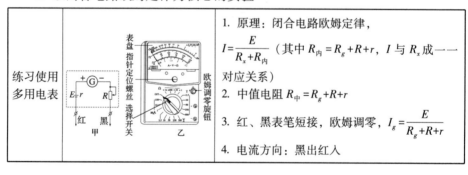 | $R_{测}=\dfrac{U_{测}}{I_{测}}=R_x+R_A>R_V$，适合测量大电阻 |
| | | $R_{测}=\dfrac{U_{测}}{I_{测}}=\dfrac{R_xR_V}{R_x+R_V}<R_x$，适合测量小电阻 |
| 描绘小电阻的伏安特性曲线 | | （1）连接电路：用导线进行实物连接<br>（2）测量与记录：移动滑动变阻器触头位置，测出 8 组左右不同的电压值 $U$ 和电流值 $I$，填入自己设计的表格中<br>（3）画出图象：画 $I$–$U$ 图线 |
| 测量金属的电阻率 | | 1. 测电阻 $R_x=\dfrac{U}{I}$<br><br>2. 测电阻率 $\rho$，$R_x=\rho\dfrac{L}{S}$，而 $S=\dfrac{\pi D^2}{4}$，$R_x=$<br><br>$\dfrac{U}{I}$，联立得 $\rho=\dfrac{\pi UD^2}{4IL}$ |

## 2. 以闭合电路欧姆定律为核心的实验

| | | |
|---|---|---|
| 练习使用多用电表 | | 1. 原理：闭合电路欧姆定律，<br>$I=\dfrac{E}{R_x+R_{内}}$（其中 $R_{内}=R_g+R+r$，$I$ 与 $R_x$ 成一一对应关系）<br>2. 中值电阻 $R_{中}=R_g+R+r$<br>3. 红、黑表笔短接，欧姆调零，$I_g=\dfrac{E}{R_g+R+r}$<br>4. 电流方向：黑出红入 |

续表

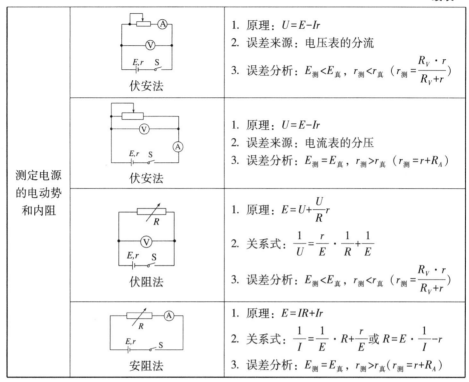

| | | |
|---|---|---|
| 测定电源的电动势和内阻 | 伏安法 | 1. 原理：$U = E - Ir$<br>2. 误差来源：电压表的分流<br>3. 误差分析：$E_测 < E_真$，$r_测 < r_真$（$r_测 = \dfrac{R_V \cdot r}{R_V + r}$） |
| | 伏安法 | 1. 原理：$U = E - Ir$<br>2. 误差来源：电流表的分压<br>3. 误差分析：$E_测 = E_真$，$r_测 > r_真$（$r_测 = r + R_A$） |
| | 伏阻法 | 1. 原理：$E = U + \dfrac{U}{R}r$<br>2. 关系式：$\dfrac{1}{U} = \dfrac{r}{E} \cdot \dfrac{1}{R} + \dfrac{1}{E}$<br>3. 误差分析：$E_测 < E_真$，$r_测 < r_真$（$r_测 = \dfrac{R_V \cdot r}{R_V + r}$） |
| | 安阻法 | 1. 原理：$E = IR + Ir$<br>2. 关系式：$\dfrac{1}{I} = \dfrac{1}{E} \cdot R + \dfrac{r}{E}$或$R = E \cdot \dfrac{1}{I} - r$<br>3. 误差分析：$E_测 = E_真$，$r_测 > r_真$（$r_测 = r + R_A$） |

# 第三节　4个选修实验

## 实验53　用油膜法估测分子的大小

### 一、实验目的

1. 估测油酸分子的大小；
2. 学会间接测量微观量的原理和方法。

### 二、实验原理

1. 利用油酸酒精溶液在平静的水面上形成单分子油膜，如图1所示；

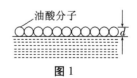

图1

2. 将油酸分子视为球形，测出一定体积油酸溶液在水面上形成的油膜面积；

3. 用 $d = \dfrac{V}{S}$ 计算出油膜的厚度（$V$ 为一滴油酸酒精溶液中纯油酸的体积，$S$ 为油膜面积），这个厚度就近似等于油酸分子的直径。

### 三、实验器材

清水、盛水浅盘、滴管（或注射器）、试剂瓶、坐标纸、玻璃板、痱子粉（或细石膏粉）、油酸酒精溶液、量筒、彩笔。

### 四、实验步骤

1. 如图 2，取 1 mL 油酸溶于酒精中，制成 $x$ mL 的油酸酒精溶液；

2. 往边长为 30~40 cm 的浅盘中倒入约 2 cm 深的水，然后将痱子粉或细石膏粉均匀地撒在水面上；

3. 用滴管（或注射器）向量筒中滴入 $n$ 滴配制好的油酸酒精溶液，使这些溶液的体积恰好为 1 mL，算出每滴油酸酒精溶液中含有纯油酸的体积 $\dfrac{\left(\dfrac{1}{x}\right)}{n}$（mL）；

4. 用滴管（或注射器）向水面上滴入一滴配制好的油酸酒精溶液，油酸就在水面上慢慢散开，形成单分子油膜；

5. 待油酸薄膜形状稳定后，将准备好的玻璃板盖在浅盘上，用彩笔将油酸薄膜的形状画在玻璃板上；

6. 将画有油酸薄膜轮廓的玻璃板放在坐标纸上，算出油酸薄膜的面积。方法是计算轮廓范围内正方形的个数，不足半个的舍去，多于半个的算一个，把正方形的个数乘以单个正方形的面积就是油膜的面积；

7. 依据油酸酒精溶液的浓度，算出一滴溶液中纯油酸的体积 $V$，利用一滴溶液中纯油酸的体积 $V$ 和薄膜的面积 $S$，算出油酸薄膜的厚度 $d = \dfrac{V}{S}$，即为油酸分子的直径。比较算出的分子直径，看其数量级（单位为 m）是否为 $10^{-10}$ m，若不是 $10^{-10}$ m，则须重做实验。

图 2

## 五、数据处理

根据上面记录的数据，完成表1内容。

表1

| 实验次数 | 1 mL 油酸酒精溶液中纯油酸体积 $\frac{1}{x}$ | $n$ 滴油酸酒精溶液体积为 1 mL | 1 滴油酸酒精溶液中含有纯油酸的体积 $\left(\frac{1}{x}\right)/n$ | 纯油酸轮廓面积 $S$ | 油酸分子大小 $\left(\frac{1}{x}\right)/(nS)$ |
|---|---|---|---|---|---|
| 1 | | | | | |
| 2 | | | | | |

## 六、误差分析

1. 油酸酒精溶液配制后若长时间放置，溶液浓度会改变，会给实验带来较大误差；

2. 纯油酸体积的计算误差；

3. 油膜面积的测量误差；

4. 油膜形状的画线误差；

5. 数格子法本身是一种估算的方法，自然会带来误差。

## 七、注意事项

1. 油酸酒精溶液配制后不宜长时间放置，以免浓度改变，产生误差；

2. 油酸酒精溶液的浓度应以小于 $\frac{1}{1000}$ 为宜；

3. 痱子粉的用量不要太大，否则不易成功；

4. 测 1 滴油酸酒精溶液的体积时，滴入量筒中的油酸酒精溶液的体积应为整毫升数，应多滴几毫升，数出对应的滴数，这样求平均值误差较小；

5. 浅盘里水离盘口面的距离应较小，并要水平放置，以便准确地画出薄膜的形状，画线时视线应与板面垂直；

6. 要待油膜形状稳定后，再画轮廓；

7. 本实验只要求估算分子的大小，实验结果的数量级符合即可；

8. 做完实验后，把水从盘的一侧边缘倒出，并用少量酒精清洗，然后用脱脂棉擦去，最后用水冲洗，以保持盘的清洁。

## 八、学以致用

1. （2019·全国 3 卷）用油膜法估算分子大小的实验中，首先需将纯油酸稀释成一定浓度的油酸酒精溶液，稀释的目的是① _____

_____。实验中为了测量出一滴已知浓度的油酸酒精溶液中纯油酸的体积，可以②_____。为得到油酸分子的直径，还需测量的物理量是③_____。

**答案：**①使油酸在浅盘的水面上容易形成一层单分子层油膜。

②把油酸酒精溶液一滴一滴地滴入小量筒中，测出 1 mL 油酸酒精溶液的滴数，得到一滴溶液中纯油酸的体积。

③单分子层油膜的面积。

2.（1）在做"用油膜法估测分子的大小"的实验时，已经准备的器材有油酸酒精溶液、滴管、浅盘、水、玻璃板、彩笔，要完成本实验，还缺少的器材有_____。

（2）在"用油膜法估测分子的大小"的实验中，在哪些方面作了理想化的假设_____
_____；

实验中滴在水面的是油酸酒精溶液而不是纯油酸，且只能滴一滴，这是因为_____
_____；

在将油酸酒精溶液滴向水面前，要先在水面上均匀撒些痱子粉，这样做是为了_____。

（3）图 3 反映了"用油膜法估测分子的大小"实验中的 4 个步骤，将它们按操作先后顺序排列应是_____（用符号表示）。

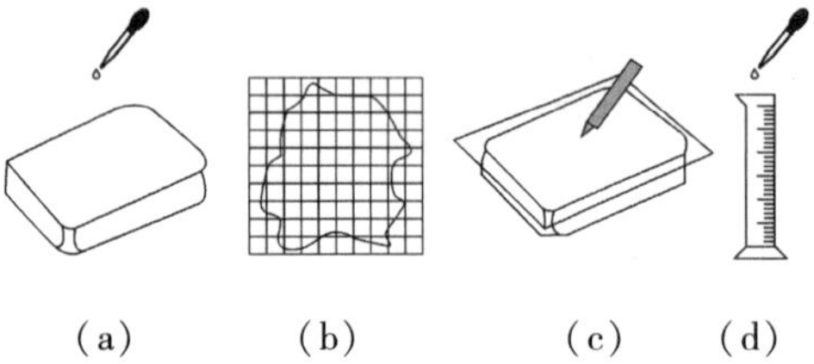

（a）　　　（b）　　　（c）　　　（d）

图 3 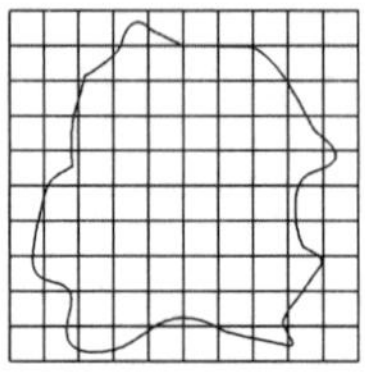　　　　　　　　　　　　图 4

（4）在做"用油膜法估测分子的大小"的实验中，已知实验室中使用的油酸酒精溶液的体积浓度为 $c$，又用滴管测得每 $N$ 滴这种油酸酒精溶液的总体积为 $V$，将一滴这种溶液滴在浅盘中的水面上，在玻璃板上描出油膜的边界线，再把玻璃板放在画有边长为 $a$ 的正方形小格的纸上（如图 4 所示），测得油膜占有的小正方形个数为 $X$。

①每一滴油酸酒精溶液中含有纯油酸的体积的表达式 $V_0 =$ _____。

②油膜面积 $S =$ _____，从图中可数出小正方形有效个数 $X =$ _____。

③用以上字母表示油酸分子的直径 $D =$ _____。

**答案：**（1）量筒、痱子粉、坐标纸；（2）将油膜看成单分子膜，将油酸分子看成球形，将油酸分子看成是紧挨在一起的；纯油酸黏滞力较大，直接测量体积时误差太大；使油膜边界清晰，便于描绘油膜形状；（3）（d）（a）（c）（b）；（4）①$\dfrac{cV}{N}$；②$Xa^2$，55；③$\dfrac{cV}{NXa^2}$。

# 实验 54　用单摆测定重力加速度

## 一、实验目的

1. 学会用单摆测定当地的重力加速度；

2. 能正确熟练地使用秒表。

## 二、实验原理

当偏角很小时（$0 \leqslant 5°$），单摆做简谐运动，其运动周期为 $T = 2\pi\sqrt{\dfrac{l}{g}}$，它与偏角的大小及摆球的质量无关，由此得到 $g = \dfrac{4\pi^2 l}{T^2}$。因此，只要测出摆长 $l$ 和振动周期 $T$，就可以求出当地的重力加速度 $g$ 的值。

## 三、实验器材

带有铁夹的铁架台、中心有小孔的金属小球，不易伸长的细线（约 1 m）、秒表、毫米刻度尺和游标卡尺。

## 四、实验步骤

1. 做单摆

取约 1 m 长的细丝线穿过带孔的小钢球，并打一个比小孔大一些的结，然后把线的另一端用铁夹固定在铁架台上，并把铁架台放在实验桌边，使铁

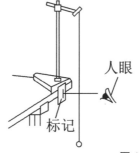

图 1

夹伸到桌面以外，让摆球自然下垂。实验装置如图 1。

2. 测摆长

毫米刻度尺量出摆线长 $l'$，用游标卡尺测出小钢球直径 $D$，则单摆的摆长

$l = l' + \dfrac{D}{2}$。

3. 测周期

将单摆从平衡位置拉开一个角度（小于 5°），然后释放小球，记下单摆做 30～50 次全振动的总时间，算出平均每一次全振动的时间，即为单摆的振动周期。反复测量三次，再算出测得周期数值的平均值。

4. 改变摆长，重做几次实验。

## 五、数据处理

1. 公式法

将测得的几组周期 $T$ 和摆长 $l$ 代入公式 $g = \dfrac{4\pi^2 l}{T^2}$ 中算出重力加速度 $g$ 的值，再算出 $g$ 的平均值，即为当地重力加速度的值。

2. 图象法

由单摆的周期公式 $T = 2\pi\sqrt{\dfrac{l}{g}}$ 可得 $l = \dfrac{gT^2}{4\pi^2}$，因此以摆长 $l$ 为纵轴、以 $T^2$ 为横轴作出的 $l$-$T^2$ 图象是一条过原点的直线，如图 2 所示，求出斜率 $k$，即可求出 $g$ 值。$g = 4\pi^2 k$，$k = \dfrac{l}{T^2} = \dfrac{\Delta l}{\Delta T^2}$。

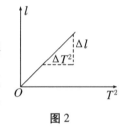

图 2

## 六、误差分析

1. 系统误差

主要来源于单摆模型本身是否符合要求。即：悬点是否固定，摆球是否可视为质点，球、线是否符合要求，摆动是圆锥摆还是在同一竖直平面内振动，以及测量哪段长度作为摆长等。

2. 偶然误差

主要来自时间（即单摆周期）的测量。因此，要注意测准时间（周期），要从摆球通过平衡位置开始计时，并采用倒计时计数的方法，即 4，3，2，1，0，1，2……在数"0"的同时按下秒表开始计时。不能多计或漏计振动次数。为了减小偶然误差，应多次测量后取平均值。

## 七、注意事项

1. 选择材料时应选择细、轻又不易伸长的线，长度一般在 1 m 左右，小球应选用密度较大的金属球，直径应较小，最好不超过 2 cm；

2. 单摆悬线的上端不可随意卷在铁架台的杆上，应夹紧在钢夹中，以免摆动时发生摆线下滑、摆长改变的现象；

3. 注意摆动时控制摆线偏离竖直方向的夹角不超过5°，可通过估算振幅的办法掌握；

4. 摆球振动时，要使之保持在同一个竖直平面内，不要形成圆锥摆；

5. 计算单摆的振动次数时，应从摆球通过平衡位置时开始计时，为便于计时，可在摆球平衡位置的正下方作一标记。以后摆球每次从同一方向通过平衡位置时进行计数，且在数"0"的同时按下秒表，开始计时计数。

## 八、学以致用

1. （2020·全国2卷）用一个摆长为80.0 cm的单摆做实验，要求摆动的最大角度小于5°，则开始时将摆球拉离平衡位置的距离应不超过_____cm（保留1位小数）。（提示：单摆被拉开小角度的情况下，所求的距离约等于摆球沿圆弧移动的路程。）

某同学想设计一个新单摆，要求新单摆摆动10个周期的时间与原单摆摆动11个周期的时间相等。新单摆的摆长应该取为_____cm。

**答案：6.9；96.8。**

2. （2019·全国2卷）如图3，长 $l$ 细绳下方悬挂小球 $a$，绳另一端固定在天花板上 $O$ 点处，在 $O$ 点正下方 $\frac{3}{4}l$ 的 $O'$ 处有固定细铁钉。将小球向右拉开，使细绳与竖直方向成小角度（约为2°）后静止释放，并从释放时开始计时。当小球 $a$ 摆至最低位置时，细绳受到铁钉阻挡。设小球相对其平衡位置水平位移 $x$，向右为正。下列图象中，能描述小球在开始一个周期内的 $x$-$t$ 关系的是（　　）。

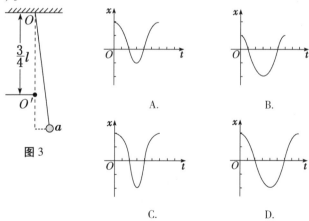

图3

**答案：A。**

# 实验 55  测定玻璃折射率

## 一、实验目的

1. 测定玻璃的折射率；
2. 学会用插针法确定光路。

## 二、实验原理

如图 1 所示，当光线 $AO_1$ 以一定的入射角 $\theta_1$ 穿过两面平行的玻璃砖时，通过插针法找出跟入射光线 $AO_1$ 对应的出射光线 $O_2B$，从而求出折射光线 $O_1O_2$ 和折射角 $\theta_2$，再根据 $n=\dfrac{\sin\theta_1}{\sin\theta_2}$ 算出玻璃的折射率。

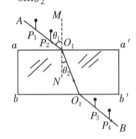

图 1

## 三、实验器材

玻璃砖（两侧面平行）、白纸、木板、大头针、图钉、量角器（或圆规）、三角板、铅笔。

## 四、实验步骤

1. 如图 2 所示，把白纸铺在木板上；

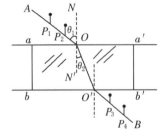

图 2

2. 在白纸上画一直线 $aa'$ 作为界面，过 $aa'$ 上的一点 $O$ 画出界面的法线 $NN'$，并画一条线段 $AO$ 作为入射光线；

3. 把长方形玻璃砖放在白纸上，并使其长边与 $aa'$ 重合，再用直尺画出玻璃砖的另一边 $bb'$。

4. 在线段 $AO$ 上竖直地插上两枚大头针 $P_1$、$P_2$；

5. 从玻璃砖 $bb'$ 一侧透过玻璃砖观察大头针 $P_1$、$P_2$ 的像，调整视线的方向直到 $P_1$ 的像被 $P_2$ 的像挡住。再在 $bb'$ 一侧插上两枚大头针 $P_3$、$P_4$，使 $P_3$ 能挡住 $P_1$、$P_2$ 的像，$P_4$ 能挡住 $P_3$ 本身及 $P_1$、$P_2$ 的像；

6. 移去玻璃砖，在拔掉 $P_1$、$P_2$、$P_3$、$P_4$ 的同时分别记下它们的位置，过 $P_3$、$P_4$ 作直线 $O'B$ 交 $bb'$ 于 $O'$。连接 $O$、$O'$，$OO'$ 就是玻璃砖内折射光线的方向。$\angle AON$ 为入射角，$\angle O'ON'$ 为折射角；

7. 改变入射角，重复实验。

## 五、数据处理

1. 计算法

用量角器测量入射角 $\theta_1$ 和折射角 $\theta_2$，并查出其正弦值 $\sin\theta_1$ 和 $\sin\theta_2$，算出入射角不同时的 $\dfrac{\sin\theta_1}{\sin\theta_2}$，并取平均值。

2. 作 $\sin\theta_1$-$\sin\theta_2$ 图象

改变不同的入射角 $\theta_1$，测出不同的折射角 $\theta_2$，作 $\sin\theta_1$-$\sin\theta_2$ 图象，由 $n=\dfrac{\sin\theta_1}{\sin\theta_2}$ 可知图象应为过原点的直线，如图 3 所示，其斜率为折射率 $n=k$。

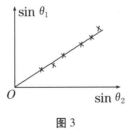

图 3

3. "单位圆法"确定 $\sin\theta_1$、$\sin\theta_2$，计算折射率 $n$

以入射点 $O$ 为圆心，以一定长度 $R$ 为半径画圆，交入射光线 $OA$ 于 $E$ 点，交折射光线 $OO'$ 于 $E'$ 点，过 $E$ 作 $NN'$ 的垂线 $EH$，过 $E'$ 作 $NN'$ 的垂线 $E'H'$。如图 4 所示，$\sin\theta_1=\dfrac{EH}{OE}$，$\sin\theta_2=\dfrac{E'H'}{OE'}$，$OE=OE'=R$，则 $n=\dfrac{\sin\theta_1}{\sin\theta_2}=\dfrac{EH}{E'H'}$。只要用刻度尺测出 $EH$、$E'H'$ 的长度就可以求出 $n$。

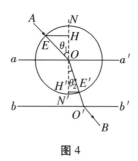

图 4

## 六、误差分析

1. 入射光线、出射光线确定的准确性造成误差，故入射侧、出射侧所插两枚大头针间距应适当大一些；

2. 入射角和折射角测量造成误差，故入射角应适当大些，以减小测量的相对误差。

## 七、注意事项

1. 实验时，应尽可能将大头针竖直插在纸上，且 $P_1$ 和 $P_2$ 之间、$P_3$ 和 $P_4$ 之间、$P_2$ 与 $O$ 之间、$P_3$ 与 $O'$ 之间距离要稍大一些。

2. 入射角 $\theta_1$ 不宜太大（接近90°），也不宜太小（接近0°）。太大则反射光较强，出射光较弱；太小则入射角、折射角测量的相对误差较大；

3. 操作时，手不能触摸玻璃砖的光洁光学面，更不能把玻璃砖界面当尺画界线；

4. 实验过程中，玻璃砖与白纸的相对位置不能改变；

5. 玻璃砖应选用宽度较大的，宜在 5 cm 以上，若宽度太小，则测量误差较大。

## 八、学以致用

（2022·全国甲卷）如图 5，边长为 $a$ 的正方形 $ABCD$ 为一棱镜的横截面，$M$ 为 $AB$ 边的中点。在截面所在平面内，一光线自 $M$ 点射入棱镜，入射角为60°，经折射后在 $BC$ 边的 $N$ 点恰好发生全反射，反射光线从 $CD$ 边的 $P$ 点射出棱镜。求棱镜的折射率以及 $P$、$C$ 两点之间的距离。

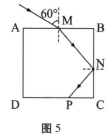

图 5

答案：$n = \dfrac{\sqrt{7}}{2}$，$PC = \dfrac{\sqrt{3}-1}{2}a$。

# 实验 56　用双缝干涉测光的波长

## 一、实验目的

1. 了解光波产生稳定的干涉现象的条件；
2. 观察白光和单色光的双缝干涉图样；
3. 测定单色光的波长。

## 二、实验原理

如图 1，单色光通过单缝后，经双缝产生稳定的干涉图样，图样中相邻两条亮（暗）条纹间的距离 $\Delta x$ 与双缝间的距离 $d$、双缝到屏的距离 $l$、单色光的波长 $\lambda$ 之间满足 $\Delta x = \dfrac{l}{d}\lambda$。

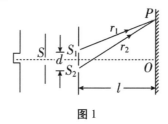

图 1

## 三、实验器材

双缝干涉仪（由光具座、光源、滤光片、单缝、双缝、遮光筒、毛玻璃屏、测量头组成），另外还有学生电源、导线、刻度尺。

## 四、实验步骤

1. 安装仪器、观察干涉条纹

（1）将光源、遮光筒、毛玻璃屏等依次安装在光具座上，如图 2 所示；

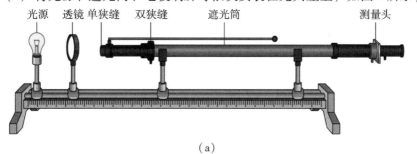

光源　透镜　单狭缝　双狭缝　遮光筒　测量头

（a）

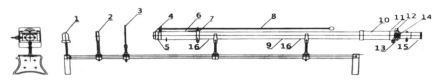

1. 灯泡 2. 照明透镜 3. 遮光板 4. 滤色片及片座 5. 单狭缝及缝座

6. 单缝管 7. 双缝及片座 8. 拨杆 9. 遮光管 10. 接长管 11. 测量头

12. 游标尺 13. 滑块 14. 手轮 15. 目镜 16. 半圆形支架环

（b）

图2

（2）接好光源，打开开关，使灯丝正常发光；

（3）调节各器件的高度，使光源发出的光能沿轴线到达光屏；

（4）安装双缝和单缝，微调拨杆，使缝的中点大致位于遮光筒的轴线上，且双缝与单缝的缝平行，二者间距5～10 cm，这时，可观察白光的干涉条纹；

（5）在单缝和光源间放上滤光片，观察单色光的干涉条纹。

图3

2. 测定单色光的波长

（1）如图4，安装测量头，调节至可清晰观察到干涉条纹；

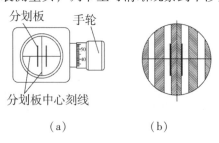

分划板　　　手轮

分划板中心刻线

（a）　　　（b）

图4

（2）使分划板中心刻线对齐某条亮条纹的中心，记下手轮上的读数 $a_1$，将该条纹记为第 1 条亮纹；转动手轮，使分划板中心刻线移动至另一亮条纹的中心，记下此时手轮上的读数 $a_2$，将该条纹记为第 $n$ 条亮纹；

（3）用刻度尺测量双缝到光屏的距离 $l$（$d$ 是已知的）；

（4）重复测量。

## 五、数据处理

1. 条纹间距 $\Delta x = \left| \dfrac{a_2 - a_1}{n - 1} \right|$；波长 $\lambda = \dfrac{d}{l} \cdot \Delta x$；

2. 计算多组数据，求 $\lambda$ 的平均值。

## 六、误差分析

1. 双缝到屏的距离 $l$ 的测量存在误差；

2. 测条纹间距 $\Delta x$ 带来的误差

（1）干涉条纹没有调整到最清晰的程度；

（2）误认为 $\Delta x$ 为亮（暗）条纹的宽度，此间距中的条纹数未数清；

（3）分划板刻线与干涉条纹不平行，中心刻线没有恰好位于条纹中心；

（4）测量多条亮条纹间的距离时读数不准确。

## 七、注意事项

1. 双缝干涉仪是比较精密的仪器，应轻拿轻放，且注意保养；

2. 安装时，注意调节光源、滤光片、单缝、双缝的中心均在遮光筒的中心轴线上，并使单缝、双缝平行且间距适当；

3. 光源灯丝最好为线状灯丝，并与单缝平行且靠近；

4. 照在光屏上的光很弱，主要原因是灯丝与单缝、双缝、测量头与遮光筒不共轴或者光源亮度不够所致。干涉条纹不清晰的一般原因是单缝与双缝不平行，故应正确调节。

## 八、学以致用

1.（2019·全国 2 卷）如图 5，某同学利用此装置测量某种单色光波长。实验时，接通电源使光源正常发光；调整光路，使得从目镜中可以观察到干涉条纹。回答：

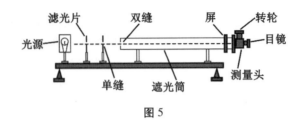

图 5

（1）若想增加从目镜中观察到的条纹个数，该同学可（　　　）；

A. 将单缝向双缝靠近　　　　　　　　B. 将屏向靠近双缝的方向移动

C. 将屏向远离双缝的方向移动　　　　D. 使用间距更小的双缝

（2）若双缝的间距为 $d$，屏与双缝间的距离为 $l$，测得第 1 条暗条纹到第 $n$ 条暗条纹之间的距离为 $\Delta x$，则单色光的波长 $\lambda =$ ＿＿＿＿＿＿＿＿＿＿；

（3）某次测量时，选用的双缝的间距为 0.300 mm，测得屏与双缝间的距离为 1.20 m，第 1 条暗条纹到第 4 条暗条纹之间的距离为 7.56 mm。则所测单色光的波长为＿＿＿＿＿＿＿＿＿nm（结果保留 3 位有效数字）。

**答案：**（1）B；（2）$\dfrac{\Delta x \cdot d}{(n-1)\ l}$；（3）630。

2.（2021·浙江 6 月选考）"用双缝干涉测量光的波长"的实验装置如图 6 所示。实验中：

图 6

（1）观察到模糊干涉条纹，要使条纹变得清晰，值得尝试的是（　　　）。（单选）

A. 旋转测量头

B. 增大单缝与双缝间的距离

C. 调节拨杆使单缝与双缝平行

（2）要增大观察到的条纹间距，正确的做法是（　　　）。（单选）

A. 减小单缝与光源间的距离

B. 减小单缝与双缝间的距离

C. 增大透镜与单缝间的距离

D. 增大双缝与测量头间的距离

**答案：**（1）C；（2）D。

# 附录一　物理学中十大最美丽的实验

| 序号 | 名称 | 时间 | 作用 |
|---|---|---|---|
| 1 | 托马斯·杨的"双缝实验"应用于电子干涉实验 | 20世纪初 | 微粒有波的效应 |
| 2 | 伽利略的自由落体实验 | 16世纪末 | 两个物体同时落地 |
| 3 | 密里根的油滴实验 | 1909 | 测出单个电子电量 |
| 4 | 牛顿的棱镜色散实验 | 1665 | 白光是复色光 |
| 5 | 托马斯·杨的光干涉实验 | 1830 | 光线有波一样性质 |
| 6 | 卡文迪什的扭秤实验 | 18世纪末 | 测出万有引力常量 |
| 7 | 埃拉托色尼的测量地球圆周长 | 古埃及 | 计算出地球周长40,074千米 |
| 8 | 伽利略的加速度测定实验 | 16世纪末 | 证明存在恒定的重力加速度 |
| 9 | 卢瑟福的α粒子散射实验 | 1911 | 发现原子核式结构 |
| 10 | 傅科的摆实验 | 1851 | 证明地球在自转 |

# 附录二　高中力学实验基本工具之一：打点计时器

## 一、实验目的

1. 了解打点计时器原理，理解纸带中包含的物体运动的信息（时间和位移）。

2. 会安装并使用打点计时器，理解利用纸带测量速度的原理并会测量瞬时速度。

3. 理解 $v$-$t$ 图象的物理意义，掌握描点法画图象的方法，并画出该实验的 $v$-$t$ 图象。

## 二、实验器材

电磁打点计时器、电火花打点计时器、交流电源、导线、纸带、开关。

## 三、实验探究

1. 认识打点计时器

（1）电磁打点计时器使用的是直流电还是交流电？其工作电压为多少？

（2）我国交流电的频率为 50 Hz，使用这种电源时，每隔多长时间打一个点，即相邻两个点之间的时间间隔是多少？

（3）打点计时器打出的纸带可以记录某段时间内的位移，能不能记录时间？

（4）如图 1，电火花计时器与电磁打点计时器相比，哪一种误差小？原因是什么？

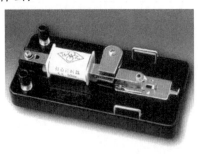

图 1

2. 进行实验

（1）如图 2，练习使用打点计时器

①电磁打点计时器中怎样安放复写纸和纸带？

图 2

②振针打的点不清晰或打不出点可能有哪些情况？

③为什么要先打开电源让打点计时器先工作 1~2 s 再松手打纸带？可不可以先松手再打开打点计时器的电源？

④打点计时器打完点后要及时关闭电源，这样做有什么好处？

⑤选择一条点迹清晰的纸带，如图 3，怎样根据纸带上的点迹计算纸带的平均速度？

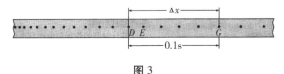

图 3

⑥如果纸带上的点迹分布不均，那么，点迹密集的地方表示运动的速度较快还是较慢？

（2）用打点计时器测量瞬时速度

①求出 $D$、$G$ 之间平均速度，如果要求不很精确，能否用该平均速度表示 $E$ 的瞬时速度？

②能否把该点的速度表示得更准确一点？

③如果想每隔 0.1 s 测一次速度，应怎么办？（采用计数点）

④把含"测量点"在内的一段位移的相应测量值填入表 1（见教材）。

表 1

| 位置 | 0 | 1 | 2 | 3 | 4 | 5 |
|---|---|---|---|---|---|---|
| $\Delta x/\mathrm{m}$ | | | | | | |
| $\Delta t/\mathrm{s}$ | | | | | | |
| $v/(\mathrm{m}\cdot\mathrm{s}^{-1})$ | | | | | | |

⑤求出上述"测量点"附近的平均速度。

⑥把上述的平均速度作为对应点的瞬时速度填入表格（见教材）。

⑦分析表格中速度的变化情况。

练习：电磁打点计时器是一种使用交流电源的计时仪器，当电源的频率为 50 Hz 时，振针每隔_____s 打一个点。现在用打点计时器测定物体的速度，当电源频率低于 50 Hz 时，如果仍按 50 Hz 的时间间隔打一个点计算，则测出的速度数值将比物体的真实数值_____。

答案：0.02 s，偏大。

### 四、拓展提高：用 $v$-$t$ 图象描述速度—时间关系

为了更直观地反映物体的运动情况，可以用 $v$-$t$ 图象来表示速度随时间的变化关系。如图 4，以速度 $v$ 为纵轴，时间 $t$ 为横轴建立直角坐标系，根据计算出的不同时刻对应的瞬时速度值，在坐标系中描点，最后用平滑曲线把这些点连接起来就得到了一条能够描述速度 $v$ 与时间 $t$ 关系的图象（拟合）。

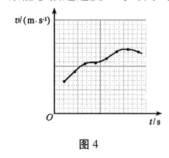

图 4

思考：

1. 图象上每一点的意义是什么？

2. 如要求这些点中间一个时刻的速度是多少，应怎么办？

3. 把这些点连接起来，表示什么？

# 附录三　测电阻为核心的电学实验
## （基本方法：伏安法）

### 一、实验目的

掌握伏安法测电阻的原理。

### 二、实验器材

干电池（2 节）、导线、学生用安培表（0~0.6 A）、学生用伏特表（0~3 V）、电阻、滑动变阻器、开关。

### 三、实验原理

1. 伏安法测电阻的原理（如图 1）：部分电路欧姆定律 $R = \dfrac{U}{I}$

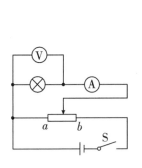  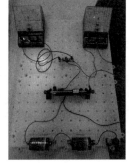

图 1

2. 两种控制电路和两种测量电路

（1）应用滑动变阻器的两种控制电路

图 2（a）是限流式控制电路，图 2（b）是分压式控制电路。

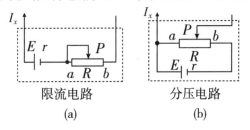

限流电路　　　　　　　分压电路

（a）　　　　　　　　　（b）

图 2

表1

|  | 限流式 | 分压式 |
|---|---|---|
| 电压可调范围 | $\left(\dfrac{R_x}{R_x+R_{ab}}\right)\cdot E\le U_{Rx}\le E$ | $0\le U_{Rx}\le E$ |
| 变阻器电阻适用 | 变阻器 $R_{max}$ 较大 | 变阻器 $R_{max}$ 较小 |
| 电能损耗（负载电流 $I_x$） | $E\cdot I_x$（较小） | $E(I_x+I_{ap})$（较大） |
| 若实验要求电压从 0 开始变化 | 分压式 |  |
| 无第5行要求，若变阻器最大电阻大于或等于待测电阻，应选择：限流式 | | |
| 无第5行要求，若变阻器最大电阻远小于待测电阻，应选择：分压式 | | |

（2）应用Ⓐ的两种测量电路

表2

| 连接方式 | 原理图 | 误差来源 | 测量值与真实值的关系 | 适用情况 |
|---|---|---|---|---|
| 外接法 | | 电压表分流 | 电流表的读数大于流过待测电阻的电流，故 $R_{测}<R_{真}$ | 测小电阻 |
| 内接法 | | 电流表分压 | 电压表读数大于待测电阻两端的电压，故 $R_{测}>R_{真}$ | 测大电阻 |

3. 实验中的三种情况

（1）如果"约"知道电流表、电压表内阻，则采用"比较法"（$R_x\sim\sqrt{R_AR_V}$）确定电流表内接或外接。（注：大内偏大，小外偏小。）

如果：$R_x>\sqrt{R_AR_V}$，则电流表采用内接法；

$R_x<\sqrt{R_AR_V}$，则电流表采用外接法；

如果电流表、电压表电阻"全不知"，则采用"试触法"确定电流表内接或外接。

（2）如果"确定"知道电流表或电压表内阻中的一个，则可以消除系统误差。（注：有"约"外接，无"约"内接。）

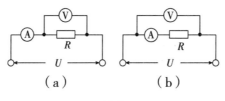

图3

对于图3（a），电压表内阻已知，由：$R_x = \dfrac{U}{I} = \dfrac{R_V R}{R_V + R}$，得：$R = \dfrac{R_V U}{I R_V - U}$

对于图3（b），电流表内阻已知，由：$R_x = \dfrac{U}{I} = R + R_A$，得：$R = \dfrac{U}{I} - R_A$

（3）如果"确定"知道电流表和电压表内阻，则电流表可内接、可外接，均可以消除系统误差。（电流表内接时，方便计算待测电阻 $R = \dfrac{U}{I} - R_A$）

（4）若电流表或电压表内阻确定，但量程不够，可以通过串联或并联一个具体电阻对电表进行改装扩量程。并且，此时，电流表、电压表可以互用。

4. 下面是电表改装或替代的设计方案

（1）内阻已知的电压表相当于小量程的电流表

（V）——内阻已知——（A）

（2）内阻已知的电流表则相当于小量程的电压表

（A）——内阻已知——（V）

（3）灵敏电流计串大电阻改装成电压表

（G）　+　□ 串大电阻 ——（V）

（4）灵敏电流计并小电阻改装成电流表

（G）　+　□ 并小电阻 ——（A）

（5）电阻箱与电流表串联相当于电压表

▱ 　+　（A）串联——（V）

（6）电阻箱与电压表并联相当于电流表

▱ 　+　（V）并联——（A）

（7）内阻较小的电源串联定值电阻相当于内阻较大的电源

小内阻电源　定值电阻　大内阻电源

├┤　+　□ —— ├┤

·215·

# 附录四 "数字化实验与传统实验"融合的思考

## ——以"测定电池的电动势和内阻实验"为例

## 一、问题的提出

1.《高中物理课程标准（2020）》第 76 页明确提出"信息技术要进入物理实验室"

数字化实验系统是一种全新软硬件一体化实验系统，具有以下特点：

（1）多类型传感器。扩大了测量范围，填补了很多传统实验仪器的空白。如可以测量变力、瞬时速度、磁感应强度、声振动等。

（2）多通道数据采集器。可以同时对多个物理量进行测量，并且测量界面实现了数字化、实时化、可视化，操作简单。

（3）多样化自主操控平台以及强大函数功能和图象处理能力。学生可以根据实验需要自定义变量和公式，可以把测得的数据之间的关系用图象和表格清楚表达出来，直观揭示相关物理量之间关系。

与传统实验相比，数字化实验系统保留了真实实验的要求：实验对象的选择、实验装置的架设、实验过程的设置和调控，在物理实验教学中得到广泛应用，在普通高中物理教科书中的各个模块中都安排了一些科学探究实验，如：借助传感器用计算机测速度、电流传感器演示自感对电路中电流的影响、利用数表软件进行数据处理等。

创设一个新课程背景下实验教学的真实或仿真环境，可以大大增加教学信息的感染力，激发学生学习兴趣；形象而真实地再现各种事物及其现象、情景、过程，使学生真切感受各种自然现象，揭示事物本质和内在联系，发展学生智力；促进学生多种感官共同运用，提高学习效率。因此，需要通过计算机及传感器等辅助学具来弥补物理实验教学中的不足。

2."物理实验能力"是高考考查的 5 种物理核心素养能力之一

高中物理实验教学，要求能发现问题、提出问题并制定解决问题方案。能用学过的物理理论、实验方法和仪器处理问题。学会把实验获得的信息演绎、归纳成结论。即收集信息、处理信息、传递信息的能力。

3. 数字化实验与传统高中物理实验融合是实验教学发展的必然趋势

在先进教育思想、理论指导下，把以数字化为核心的信息技术作为促进学生自主学习的认知工具与情感激励工具、丰富的教学环境的创设工具，并将这些工具全面应用到高中物理实验教学中，使课程内容的呈现方式、学生的学习方式、教师的教学方式和师生的互动方式实现全新的变革。各种教学资源、各个教学要素和教学环节，经过整理、组合，相互融合，在整个优化的基础上产生聚集效应，从而促进传统实验教学方式的根本变革，有效、高效提升学生物理实验能力。

（1）有效提升学生的物理实验素养，提高学习效率

数字化实验与高中物理实验教学融合构筑的学习环境，实现了实验手段数字化、测量实时化、规律可视化、操作测量简单化，在真实的基础上实现融合，在延续传统的同时超越传统。根本目标是改善实验学习，提高学习效率，促进学生发展。

（2）促进"教"与"学"方式转变，激发探究兴趣

数字化实验与高中物理实验教学融合将带来观念的变革、教学要素的重新建构，从以教师为中心的讲解传授转变为以学生为中心的探索发现，转变为学生自主学习、协商讨论、意义建构等以学生为主体的进程。

现以人教版高中物理必修第三册"测定电池的电动势和内阻"实验为例。

## 二、对"测定电池电动势和内阻"的两种实验方式比较

### （一）传统实验

1. 实验目的

（1）知道伏安法测量电源电动势和内阻的实验原理，进一步理解电源路端电压随电流变化的关系；

（2）掌握根据图象合理外推进行数据处理的方法；

（3）尝试进行电源电动势和内电阻测量误差分析，了解测量中减小误差的办法。

2. 实验原理

实验电路如图 1 所示，根据闭合电路欧姆定律，改变 $R$ 的阻值，测出两组 $U$、$I$ 的值，列出两个方程：

$E = U_1 + I_1 r$　和　$E = U_2 + I_2 r$，

联立解出 $E$、$r$ 值。

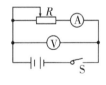

图1

3. 实验器材

待测电池二节，电流表（0~0.6 A）、电压表（0~3 V）各1块，滑动变阻器1只，开关1个，导线若干。

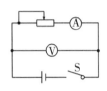

图 2

4. 实验步骤

（1）确定电流表、电压表量程，按图 2 连接好电路，将滑动变阻器滑片移到使接入电路的阻值为最大值的一端。

（2）闭合开关 S，接通电路，将滑动变阻器的滑片由一端向另一端移动，从电流表有明显读数开始，记录一组电流表、电压表读数。

（3）同样的方法，依次记录多组 $U$、$I$ 值。

（4）断开开关 S，拆除电路。

（5）以 $U$ 为纵轴，$I$ 为横轴，将记录的电压、电流标在坐标图上，过这些点作一条直线，根据纵轴截距求出电动势，根据斜率大小求出内电阻。

5. 数据处理

为减小测量误差，本实验常选用图象处理方法，利用依次记录的多组数据（一般 6 组），分别记录如表 1 所示：

表 1

| 实验序号 | 1 | 2 | 3 | 4 | 5 | 6 |
|---|---|---|---|---|---|---|
| $I/A$ | $I_1$ | $I_2$ | $I_3$ | $I_4$ | $I_5$ | $I_6$ |
| $U_外/V$ | $U_1$ | $U_2$ | $U_3$ | $U_4$ | $U_5$ | $U_6$ |

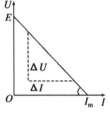

图 3

把测出的多组 $U$、$I$ 值，在 $U$-$I$ 图中描点画图，使 $U$-$I$ 图象直线经过大多数坐标点或使各坐标点大致分布在直线的两侧，如图 3，由 $U=E-Ir$ 可知：

（1）纵轴截距等于电源的电动势 $E$，横轴截距等于外电路短路时的电流 $I_m = \dfrac{E}{r}$。

（2）图线斜率的绝对值等于电源的内阻 $r = \left| \dfrac{\Delta U}{\Delta I} \right| = \dfrac{E}{I_m}$。

6. 误差分析

（1）偶然误差：来源于电压表和电流表读数以及作 $U$-$I$ 图象时描点不准确。

（2）系统误差：

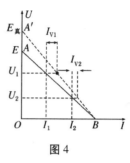

由于电压表分流 $I_V$，使电流表示数 $I$ 小于电池的输出电流 $I_{真}$。$I_{真}=I+I_V$，而 $I_V=\dfrac{U}{R_V}$，$U$ 越大，$I_V$ 越大，它们的关系用图 4 表示。实测的图线为 $AB$，经过 $I_V$ 修正后的图线为 $A'B$，可看出 $AB$ 的斜率绝对值和在纵轴上的截距都小于 $A'B$，即实测的 $E$ 和 $r$ 都小于真实值。

图 4

7. 注意事项

（1）为使电池的路端电压有明显变化，应选取内阻较大的旧干电池和内阻较大的电压表。

（2）实验中不能将电流调得过大，且读数要快，读完后立即切断电源，防止干电池大电流放电时内阻 $r$ 的明显变化。

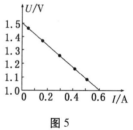

（3）若电池路端电压变化不很明显，作图象时，纵轴单位可取得小一些，且纵轴起点可不从零开始。如图 5，此时图线与纵轴交点仍为电池的电动势 $E$，但图线与横轴交点不再是短路电流，内阻要在直线上取较远的两点用 $r=\left|\dfrac{\Delta U}{\Delta I}\right|$ 求出。

图 5

（4）为了提高测量精度，在实验中 $I$、$U$ 变化范围要大一些，计算 $E$、$r$ 时，$U_1$ 和 $U_2$、$I_1$ 和 $I_2$ 的差值要大一些。

## （二）数字化实验

1. 实验目的

通过实验测量电池的电动势和内阻。

2. 实验原理

根据闭合电路欧姆定律 $E=U+Ir$，通过电路两端的电压 $U$ 和总电流 $I$ 的多组测量，采用作图法来测出电池的电动势和内阻。

3. 实验器材

Edislab 数字实验系统、电压传感器、电流传感器、滑动变阻器、开关、导线、待测电池二节。

4. 实验过程

（1）如图 6，根据电路图连接电路，将电压传感器、电流传感器接入数据采集器。

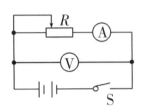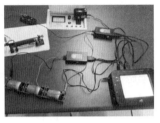

图6

（2）打开 Edislab 软件，在"实验配置"中选择"采集参数"，设为"手动采集"。

（3）点击"开始"，待数值稳定后再点击"记录"，得到一组实验数据。

（4）改变滑动变阻器滑片位置，改变电阻，测得多组实验数据。

（5）把 Y 轴设置为电压 U，将 X 轴设置为 I

（6）在"数据分析"中选择"拟合"直线得到一个方程，如图7，即：$y = b - kx$，即得到电源电动势 $E = b$V，内阻 $r = k\Omega$

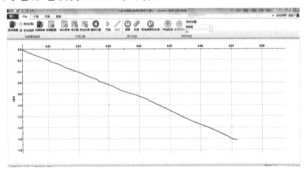

图7

## 三、对数字化实验和传统实验关系的思考

重视实验，改进实验，使实验教学高效，是新课改对物理教学的基本要求，也是实验教学的归宿。但在数字化实验呈席卷高中物理实验教学之势的大潮面前，作为高中物理教师，我们必须保持清醒的头脑，冷静、客观地看待传统实验和数字化实验。

1. 学生对数字化学习环境的适应程度不同

数字化实验与真实实验没有本质的差异。数字化实验长在实时性、数据采集高精度、强大数据处理能力，通过准确数据说明问题，数据源来自传统实验。但是，由于学生本身的差异性，并不是每个学生对数字化学习环境的适应程度都相同。数字化实验涉及综合性、技术性知识较多，如非电学量转换、信号采集、模数转换、软件编制等，许多内容学生都比较生疏，容易转移注意力。再者，数字化实验自动化程度易使学生忽视实验的物理意义，单纯关注采集、处理实验数据，整个实验成了数字的"游戏"。

2. 传统实验与数字化实验在教学功能上有差异

以培养学生各方面能力为例，传统实验与数字化实验侧重点不同：传统实验侧重于培养细致、认真、耐心等观察习惯，数字化实验侧重培养学生在观察中思考探究能力；传统实验重视正确选择和使用仪器的能力培养，数字化实验则相对欠缺；传统实验一般比较重视学生技能的训练，如电路的连接；而数字化实验有利于学生掌握利用现代化信息技术学习、拓展知识的能力；在数据处理过程中，传统实验可以充分培养学生的计算能力、作图能力与利用数学知识解决物理问题的能力，数字化实验则有助于培养学生数学图形分析能力、对复杂物理问题的分析判断能力；传统实验对学生的设计要求具有很大的局限性，限制了学生探究和钻研的深度和广度，数字化实验很多都可以由学生自行设计、选材、完成，从而达到培养学生的自主探究能力、研究能力和创新能力的目的。

3. 数字化实验不能替代传统物理实验

数字化实验尽管具有强大数据处理能力，但作用重点应在实验课题的选择设计、实验过程的展示分析、实验数据的处理、微观宏观现象的展示以及一些无法进行的传统实验。通过信息技术辅助，使学生深入理解实验原理、步骤、过程，认识常见错误操作方式，纠正不规范操作，提高实验素养，促使教师更好地选择教学内容，设计教学过程，让学生最大限度地接触信息技术，使之成为一种学习工具，帮助学生主动获取知识。

因此，尽管数字化改造是实验教学条件现代化不可缺少一环，但不能只注重形式，而应该把真实实验条件作为实验室建设的基础和前提。在进行数字化实验之前，尽可能细致、翔实地进行传统实验，在此基础上再进行传统实验的数字化改造、提升，将传统实验与数字化实验融合，取长补短，以求达到更好的效果。

# 参考文献

[1] 中华人民共和国教育部. 普通高中物理课程标准 [M]. 北京：人民教育出版社，2020：75-76.

[2] 施良方. 学习论 [M]. 北京：人民教育出版社，2005：177-178.

[3] 阎金铎，查有梁. 物理教学论 [M]. 南宁：广西教育出版社，1996：221，226.

[4] 陈卫国. 对数字化实验与传统实验融合的思考——以"测定电池电动势和内阻"实验为例 [J]. 中学物理教与学，2017（11）：45-48.

[5] 竺春阳. 高中物理数字化实验与传统实验的比较研究 [J]. 物理教学，2013（5）：19-22.

[6] 陈卫国. 对"用圆锥摆粗略验证向心力表达式"实验的思考 [J]. 实验教学与仪器，2016（1）：100-113.

[7] Figuring Physics [J]. THE PHYSICS TEACHER Vol. 37. Feb. 1999：22.

[8] 陈卫国. 信息技术与高一物理实验教学的融合 [J]. 实验教学与仪器，2019（1）：42-45.

[9] 陈卫国. 信息技术与高三物理实验教学的融合 [J]. 物理通报，2013（7）：66-70.

[10] 陈卫国. 信息技术与高中物理实验教学整合效果实践研究——以整合高二物理实验为例 [J]. 物理通报，2015（2）：73-77.